Droit des assurances

MÉMENTOS DALLOZ
série droit privé

Droit des assurances

11e ÉDITION – 2008

Hubert Groutel
Professeur émérite de l'Université Montesquieu-Bordeaux IV

Claude J. Berr
Professeur émérite de l'Université de Grenoble

DALLOZ

DALLOZ

31-35 rue Froidevaux — 75685 Paris Cedex 14

ISBN 978-2-247-07771-7

Sommaire

INTRODUCTION

> CHAPITRE I

ÉVOLUTION HISTORIQUE

L'apparition de l'assurance est un phénomène relativement récent, inconnu dans l'Antiquité et au Moyen Âge (le prêt à la grosse aventure est avant tout une opération de spéculation sur les chances d'arrivée à bon port d'une marchandise embarquée sur un navire). L'essor de l'assurance ne date guère que de la fin de l'Ancien Régime.

> SECTION 1

Les facteurs d'apparition de l'assurance

Ils sont nombreux et divers : amoindrissement de la solidarité familiale, besoin accru de sécurité, recul de certains préjugés (la position de l'Église sur les contrats aléatoires s'assouplit). Les facteurs déterminants sont surtout économiques et sociaux.

§1 - FACTEURS ÉCONOMIQUES

A. Transformation des conditions économiques générales

Le passage d'une économie exclusivement agricole à une économie diversifiée (artisanat, industrie, commerce) multiplie les rapports humains et les causes de dommages.

L'importance de l'argent dans les relations économiques favorise l'idée de réparation pécuniaire du dommage.

B. Développement des échanges internationaux

Le succès des grandes foires et la multiplication des expéditions outre-mer font prendre conscience de la nécessité de garantir les marchandises et les navires contre les aléas du transport.

§2 - Facteurs sociaux

A. Urbanisation

Elle entraîne une concentration de population dans les villes et l'apparition de nouveaux types d'habitation (maisons de rapport à plusieurs étages) propres à la propagation des fléaux comme la peste et l'incendie (grand incendie de Londres en 1666).

B. Organisation corporatiste des divers métiers

Elle favorise la solidarité des groupes professionnels dont les membres se doivent assistance mutuelle dans le malheur.

> Section 2

Le développement de l'assurance

1686 : Fondation de la Compagnie générale pour les assurances maritimes en France – 1786 : première compagnie d'assurance incendie (Compagnie royale d'assurances) – 1818 : Compagnie générale d'assurances – 1819 : Le Phénix – 1820 : Compagnies royales – 1829 : l'Union, le Soleil.

§1 - Traits spécifiques de l'assurance

A. Fonction de l'assurance

1. Assurance, assistance et solidarité

Alors que l'assurance s'efforce de maîtriser à l'avance les conséquences possibles des événements, sans faire appel *a posteriori* à la générosité, au sens classique, l'assistance permet de venir au secours des victimes après la réalisation du dommage. À l'époque moderne, il est fréquemment fait appel à la solidarité, dite « nationale », lorsque l'assurance se révèle incapable, pour une raison ou pour une autre, d'assumer les conséquences de certains risques. Cela donne souvent naissance à des « fonds », dans la perspective de la survenance d'événements futurs (cf. *infra* p. 36).

2. Assurance, épargne et prévoyance

Épargne et prévoyance permettent de se prémunir spontanément et par ses propres moyens contre les conséquences d'événements malheureux. L'efficacité du procédé dépend essentiellement des capacités financières de l'intéressé, alors que l'assurance fait appel aux capacités de la collectivité des assurés tout entière. En dépit de son infériorité apparente, l'épargne gagne parfois à se combiner avec l'assurance (technique de la franchise, par ex.). Elle en est d'ailleurs un des éléments dans certaines assurances (assurances sur la vie, retraites complémentaires).

B. Diversification de l'assurance

1. Assurances des individus

La vocation traditionnelle de l'assurance est de permettre le remplacement des biens détruits (incendie, dégâts des eaux) ou subtilisés (vol). S'est considérablement développée l'assurance de la responsabilité individuelle, aussi bien dans le domaine de la vie domestique (responsabilité du « chef de famille ») que dans celui de l'activité professionnelle (architectes, notaires, médecins, etc.) de la circulation automobile et des loisirs (sports, chasse, etc.).

Si la vie elle-même a longtemps été écartée de l'assurance en raison de considérations psychologiques et morales, elle est aujourd'hui, comme la santé ou la capacité de travail, au centre d'une intense activité d'assurance.

2. Assurances des activités économiques

En liaison avec l'évolution générale des activités économiques, les assureurs ont adapté les formules classiques d'assurance à des situations nouvelles, nées du progrès technique (assurance du matériel informatique, des lanceurs de satellites), ou du développement du droit de la responsabilité (assurance de responsabilité du fait des produits défectueux). Les opérations commerciales des entreprises peuvent également bénéficier d'assurances spécialement adaptées (assurance crédit-caution, prospection). L'assurance de protection juridique permet même de se mettre à l'abri du coût des frais de justice.

§2 - Place de l'assurance

A. Place de l'assurance parmi les institutions financières

L'assureur draine une partie de l'épargne nationale et participe par ses placements à la vie financière nationale et internationale. Il appartient à ce titre à la catégorie des investisseurs institutionnels. La spécificité de l'assurance par rapport à l'activité des banques et établissements de crédit n'en est pas moins évidente : elle est liée à l'originalité même de l'opération d'assurance.

Il se dessine cependant un mouvement de rapprochement entre la banque et l'assurance, sous l'influence du phénomène dit de « déréglementation », qui affecte essentiellement les opérations d'assurance visant la constitution d'une épargne personnelle (assurances de retraite). Certaines formules d'épargne (plans de retraite) se situent à la zone de confins entre les deux activités.

Le phénomène est aujourd'hui souvent désigné par l'expression « bancassurance ».

B. Place de l'assurance parmi les institutions de prévoyance

1. Sécurité sociale

Technique très voisine de l'assurance, elle en diffère profondément sur le plan économique. Aux impératifs d'équilibre financier, on tend à substituer des considérations socio-politiques : calcul des cotisations en fonction du revenu, barèmes de remboursement souvent forfaitaires, etc.

2. Organismes spécifiques de la protection sociale complémentaire

Originellement destinés avant tout à compléter les prestations de sécurité sociale, plusieurs types d'organismes de droit privé se sont développés et ont diversifié leurs activités dans les domaines les plus variés, entrant ainsi parfois en concurrence avec les assureurs. Sur l'insistance des autorités communautaires, une remise en ordre du secteur a été opérée par une ordonnance d'avril 2001, qui prévoit notamment le renforcement du contrôle sur leur activité.

a) Institutions de prévoyance

Elles sont régies par le Code de la sécurité sociale (art. L. 931-1). « Les institutions de prévoyance sont des personnes morales de droit privé ayant un but non lucratif, administrées paritairement par des membres adhérents et des membres participants... ».

Constituées sur la base d'une convention ou d'un accord collectif à l'initiative d'un chef d'entreprise, elles fournissent essentiellement des prestations liées aux accidents et à la maladie, au chômage, ainsi qu'à la durée de la vie humaine. En fait, leurs prestations ont la nature de prestations d'assurance (cf. *infra*, p. 35).

b) Mutuelles du Code de la mutualité

Issues d'une vision globale de la solidarité et de l'entraide, ces personnes morales de droit privé ambitionnent de contribuer au développement culturel, moral, intellectuel et physique de leurs membres et à l'amélioration de leurs conditions de vie. Le législateur s'est efforcé de distinguer, au sein de leurs activités, celles qui constituent des opérations d'assurance proprement dites, pour lesquelles elles sont désormais soumises à des règles équivalentes à celles qui s'imposent aux compagnies d'assurances (cf. *infra*, p. 35), et celles qui consistent en diverses réalisations sanitaires et sociales (par ex. gestion de cliniques).

> CHAPITRE II

RÔLE ET DOMAINE DE L'ASSURANCE

> SECTION 1

Les assurances contre un risque déterminé

§1 - LES ASSURANCES RELATIVES AU PATRIMOINE

Dans la pratique des assureurs, certaines de ces assurances, du moins les plus ordinaires, sont regroupées dans des polices dites « multirisques » – les plus courantes étant la « multirisques habitation » et la « multirisques automobile ». À côté des assurances de biens, s'y trouvent d'ailleurs une ou des assurances de responsabilité (ex. : la multirisques habitation garantit la responsabilité civile vie privée du souscripteur et de quelques autres personnes au bénéfice desquelles il stipule). Diverses assurances traitées distinctement ont un caractère plus spécifique. Enfin, la protection juridique et l'assistance présentent une originalité évidente.

A. Assurances ordinaires

1. ASSURANCE INCENDIE

Destinée tantôt à indemniser le propriétaire (assurance de choses), tantôt à prendre en charge les conséquences d'une responsabilité civile (propriétaire ou locataire), l'assurance incendie couvre les effets de la combustion avec flammes en dehors d'un foyer normal, mais ne s'applique pas aux « accidents ménagers » (brûlures par contact), qui nécessitent une extension contractuelle de garantie. La garantie de l'explosion est pratiquement toujours associée à celle de l'incendie.

Dans le domaine des risques industriels, elle s'accompagne souvent d'une assurance des « pertes d'exploitations », compensant la perte du bénéfice net, le maintien des charges fixes et l'engagement de frais exceptionnels pendant la durée de la reconstruction.

2. ASSURANCE VOL

Ses formes sont très variées et adaptées à la situation des biens garantis (mesures de prévention) ainsi qu'à la nature de l'activité de l'assuré (bijoutiers, banquiers, transporteurs de fonds, etc.). Elle couvre les suites du vol *stricto sensu*, tel qu'il est défini par l'article 311-1 du nouveau Code pénal (soustraction frauduleuse de la chose d'autrui) et non des infractions voisines (escroquerie, abus de confiance). Encore faut-il, le plus souvent, que le vol ait été commis dans des circonstances précisées par contrat : introduction clandestine, usage de fausses clefs, effraction. Il est généralement fait, de la mise en œuvre de moyens de protection, une condition de la garantie.

3. DÉGÂTS DES EAUX

Le risque est constitué par les fuites d'eau accidentelles affectant les conduites d'adduction et de distribution d'eau dans les immeubles, les gouttières, chéneaux, etc., destinés à l'évacuation des eaux, les appareils à effets d'eau, ainsi que le gel des conduites et appareils.

En revanche ne sont pas couverts les dommages causés par les inondations, le ruissellement, les débordements d'égouts, etc.

4. Bris de glaces

L'assurance couvre les dommages survenus aux devantures, vitrines, glaces, étagères en verre, contre le bris accidentel (ex. : grêle, caillou) mais non, par exemple, contre les effets de la dilatation ou pendant la pose ou la dépose.

Observation : Dès lors que des biens sont assurés contre l'incendie ou tous autres dommages, ils le sont nécessairement, en vertu d'une disposition légale, contre les catastrophes naturelles (art. L. 125-1, C. assur.) et les effets du vent dus aux tempêtes, ouragans, etc. (art. L. 122-7, C. assur.). Ils le sont également, du moins au bénéfice des personnes physiques en dehors de leur activité professionnelle, contre les catastrophes technologiques (art. L. 128-2, C. assur.). Assurés contre l'incendie, les biens sont obligatoirement garantis pour les dommages causés par un attentat ou un acte de terrorisme (art. L. 126-2, C. assur.).

B. Assurances plus spécifiques

1. Assurance grêle

Elle permet aux agriculteurs d'être indemnisés d'une partie de la valeur des récoltes endommagées par la grêle et de celle de certaines installations nécessaires à la culture (serres, etc.).

2. Assurance mortalité des animaux

Elle garantit le risque de perte de certains animaux, notamment du bétail, par maladie ou accident. Elle comporte, en raison des risques de fraudes nombreux en ce domaine, diverses particularités tendant à renforcer les droits de l'assureur.

3. Bris de machines

Peuvent être couverts le bris ou la détérioration du matériel en fonctionnement à la suite de divers incidents. Des garanties spéciales se développent dans le domaine des matériels informatiques.

C. Protection juridique

L'objet de cette assurance est de garantir l'assuré en cas de litige avec des tiers contre les dépenses occasionnées par le règlement amiable ou juridictionnel de celui-ci. Une forme particulière de cette formule se rencontre avec les garanties « défense-recours » annexées à certains contrats, lesquelles ne jouent qu'en cas d'événements accidentels en relation avec l'objet principal de l'assurance (en assurance automobile, par ex.). L'assurance protection juridique a fait l'objet d'une réforme tendant à améliorer la protection des assurés (loi du 19 février 2007).

D. Assistance

L'assistance (souvent appelée « touristique ») consiste à offrir des prestations en nature (soins médicaux, rapatriement sanitaire, envoi de pièces de rechange pour un véhicule immobilisé, etc.) à des voyageurs prévoyants. Cette activité relève aujourd'hui de l'assurance.

§2 - Les assurances relatives à la personne

A. Assurance vie

1. Diversité des assurances vie

Le terme d'assurance vie recouvre en réalité des formules très diverses. Tantôt le versement d'un capital ou d'une rente survient si le décès de l'assuré se produit pendant la durée du contrat (assurance temporaire ou vie entière). Tantôt, au contraire, l'assuré doit encore être en vie à l'expiration du contrat pour toucher le fruit de son épargne (assurance en cas de vie). Les deux systèmes peuvent d'ailleurs se combiner (assurances mixtes).

Pour lutter contre le risque d'une dépréciation à long terme des capitaux, les assureurs ont depuis longtemps mis au point des formules d'assurance revalorisable ainsi que des contrats à capital exprimé en unités de compte (Sicav, par ex.).

Le développement contemporain des formules d'assurance destinées à réaliser des opérations de placement a posé la délicate question de leur qualification : opération d'assurance, soumise comme telle au régime de l'assurance sur la vie, ou opération de capitalisation ? La Cour de cassation s'est prononcée en faveur de la première des deux qualifications.

2. Particularité des assurances vie

Si l'événement couvert est le décès de l'assuré, certaines causes de décès n'entraînent pas garantie ou ne l'entraînent que dans des conditions précises (suicide, meurtre).

L'équilibre financier de l'opération, fondé sur la prévision collective (tables de mortalité), suppose dans certains cas la capitalisation individualisée d'une partie des primes versées. Il se constitue ainsi, au profit des assurés, une provision mathématique (cf. *infra*, p. 76) sur laquelle le contractant a certains droits.

B. Assurance maladie

Depuis l'extension des régimes de sécurité sociale aux principales catégories de non-salariés, cette assurance a pris un aspect complémentaire. Le montant des prestations dépend du préjudice subi (frais médicaux, par ex.) et peut donner lieu à recours de l'assureur contre le responsable.

C. Assurance accidents corporels

Traditionnellement, les sommes dues par l'assureur étaient déterminées forfaitairement (sauf les remboursements complémentaires de frais médicaux) et librement par le contrat. De ce fait, elles n'avaient pas un caractère indemnitaire et pouvaient se cumuler avec la dette d'un tiers responsable.

Ce type de prestations existe toujours. Mais, à côté, sont apparues des formules d'assurance accident indemnitaires qui prennent en considération le préjudice de l'assuré. Elles permettent de remédier à l'absence de responsable. Lorsque celui-ci existe, les prestations versées à l'assuré constituent une avance sur recours. Pour cette raison, l'assureur bénéficie d'une subrogation légale. Sont plus spécialement pratiquées : l'assurance du conducteur d'un véhicule automobile et l'assurance contre les accidents de la vie.

Observation : À côté des assurances classiquement souscrites à titre individuel, se développent les assurances de groupe, souscrites généralement, soit par un employeur (au profit de ses salariés), soit par un établissement de crédit (à son propre bénéfice, mais également, économiquement parlant, au profit de ses emprunteurs), soit par un groupement sportif. Il existe également des contrats d'assurance vie-épargne, souscrits par des associations et auquel il est possible d'adhérer.

D. Assurance dépendance

Depuis quelques années, les assureurs se sont lancés dans la couverture du risque de la dépendance.

Il existe plusieurs sortes de produits en fonction de la diversité des opérateurs. Les assureurs-vie proposent des formules individuelles ou collectives d'épargne qui se dénouent, lorsque l'événement garanti survient, par le versement d'une rente. Les assureurs-dommages, quant à eux, utilisent des contrats de prévoyance classiques bâtis sur le modèle des contrats incapacité-invalidité. Quant aux entreprises d'assistance, elles offrent des services en nature spécialement conçus pour les personnes dépendantes : aménagement du logement, télévigilance, aide à la mobilité, etc.

> SECTION 2

Les assurances d'une activité spécifique

§1 - LES ASSURANCES DESTINÉES À FAVORISER LES ACTIVITÉS ÉCONOMIQUES

A. Assurances de transport et assurances maritimes

On distingue les assurances « sur corps », relatives aux moyens de transport et les assurances « sur facultés » relatives aux marchandises transportées et aux biens divers.

En cas de transports successifs dont un tronçon est maritime, une seule assurance est conclue : l'assurance maritime, dont les règles s'appliquent même aux portions terrestres du transport.

Les assurances de transport, inspirées pour l'essentiel de règles dégagées souvent dès l'Ancien Régime dans le cadre du commerce international, s'écartent largement du droit commun des assurances terrestres. Elles font une très large part à la volonté des contractants.

B. Assurance crédit et caution

Elle permet, sous des formes variées, de couvrir le risque de perte d'une créance par suite de l'insolvabilité d'un débiteur.

Elle est particulièrement utile dans le commerce international. Une institution spécialisée, la Compagnie française d'assurance pour le commerce extérieur « Coface », relève pour une part des préoccupations de l'État dans la conduite de la politique commerciale. Devenue en 1994 une société anonyme, elle est chargée de garantir et de gérer, pour le compte de l'État et sous son contrôle, les risques commerciaux, politiques, monétaires, catastrophiques, ainsi que certains risques, dits extraordinaires, liés aux échanges internationaux.

§2 - LES ASSURANCES DE LA RESPONSABILITÉ ENGAGÉE PAR L'ACTIVITÉ

Le développement des assurances de responsabilité est une des tendances marquantes du droit contemporain.

La France connaît, par rapport à d'autres pays, un nombre très important d'assurances obligatoires liées à l'exercice de certaines activités professionnelles ou de loisirs.

L'assurance automobile obligatoire échappe à plusieurs points de vue aux règles du droit commun. La liberté contractuelle y est particulièrement restreinte, compte tenu de son « rôle social » et de l'intérêt des victimes.

> Chapitre III

Sources du droit de l'assurance

Généralités

Les sources du droit de l'assurance sont aujourd'hui multiples et complexes. Si le contrat d'assurance demeure régi en principe par les règles générales du Code civil, et notamment par son article 1134, l'abondance des textes particuliers donne au droit de l'assurance la physionomie d'une véritable branche du droit spécifique.

Depuis quelques années, l'influence de la construction européenne a été particulièrement forte, et elle tend, dans certains domaines, à reléguer les sources nationales au second plan.

> Section 1

Le cadre juridique national

§1 - Le Code des assurances

A. Évolution

1. La loi du 13 juillet 1930

Bien qu'elle ait formellement disparu à la faveur de la codification, elle demeure la source d'inspiration principale de la législation actuelle.

Adoptée en réaction contre certains abus, elle est marquée par l'idée de protection de l'assuré. D'où l'importance de ses dispositions impératives, auxquelles il n'est pas permis de déroger (sauf en faveur des assurés).

L'interprétation jurisprudentielle d'un grand nombre de ses dispositions conserve aujourd'hui toute sa valeur.

2. Les règlements de 1938

Le décret-loi du 14 juin 1938 unifiant le contrôle de l'État sur les entreprises d'assurances et le décret du 30 décembre 1938 relatif à la constitution et au fonctionnement des sociétés d'assurances, plusieurs fois modifiés, ont constitué le cadre juridique de l'activité d'assurance jusqu'à la codification.

3. La codification

Prévue depuis 1955, elle a été opérée en 1976. Conformément à la Constitution, le Code est divisé en trois parties : textes législatifs, règlements, arrêtés. Certains articles de la loi de 1930 ont ainsi été scindés pour figurer désormais dans différentes parties du Code.

4. Les réformes ultérieures

En vue d'adapter le droit français aux exigences européennes, plusieurs lois importantes ont modifié surtout le droit des entreprises d'assurances. Par ailleurs, de nombreuses dispositions relatives au contrat d'assurance lui-même font une place significative aux idées défendues par les mouvements de protection des consommateurs.

B. Caractères

1. Application dans l'espace

Vestige de l'époque où l'Alsace-Lorraine était sous domination allemande, la loi locale du 30 mai 1908 continuait de régir en principe (sauf si les parties se référaient expressément au Code des assurances) le contrat d'assurance dans les départements du Bas-Rhin, du Haut-Rhin et de la Moselle.

Depuis la loi du 6 mai 1991, le Code des assurances est applicable de plein droit en Alsace-Lorraine, mais il a fallu prévoir certaines dérogations sur quelques points particuliers.

2. Dispositions impératives

Le principe du caractère d'ordre public du Code est affirmé par l'article L. 111-2. Ne peuvent être modifiées par convention que les dispositions expressément énumérées par le texte.

Il conviendra, dans la perspective de la libre prestation des services, de ne pas attribuer systématiquement à ces « dispositions impératives » le caractère de dispositions d'« ordre public » au sens du droit international privé (cf. *infra*, p. 52).

§2 - Autres sources

A. Droit de la consommation

L'article L. 132-1 du Code de la consommation, issu d'une directive communautaire, permet de manière générale de condamner les clauses abusives créant entre les parties à un contrat conclu entre un professionnel et des non-professionnels un « déséquilibre significatif ». L'application de ce texte aux contrats d'assurance soulève de délicates questions compte tenu des contraintes techniques et financières propres à l'opération d'assurance, qui peuvent entraîner des déséquilibres justifiés qu'il ne faut pas confondre avec certaines clauses réellement abusives. Les recommandations de la Commission des clauses abusives dans le domaine de l'assurance fournissent d'intéressantes indications à ce sujet (sur l'interprétation des contrats, cf. *infra*, p. 108).

B. Conventions professionnelles

Afin d'harmoniser leurs pratiques et d'éviter des recours inutiles et coûteux, les assureurs ont conclu entre eux un certain nombre de conventions visant à faciliter l'indemnisation directe des assurés. Les plus importantes concernent l'assurance automobile et diverses assurances dommages. Elles permettent également de régler les recours entre assureurs (par ex. en assurance de la construction).

Justifiées dans la mesure où elles sont en général favorables aux assurés, elles ne sauraient néanmoins leur être opposables lorsque les principes sur lesquels elles reposent (appréciation des responsabilités respectives selon la position des véhicules impliqués, par ex.) porteraient atteinte à leurs droits.

C. Usages

Sources fondamentales de droit dans les assurances maritimes, les usages n'occupent qu'une place réduite dans les assurances terrestres. On ne saurait pourtant les négliger complètement, notamment lorsqu'ils permettent d'expliquer certaines pratiques apparemment *contra legem* (par ex. la rédaction des réponses au questionnaire par l'agent général et non par le souscripteur lui-même).

Les « Usages du courtage » constituent la source fondamentale des relations juridiques entre les courtiers et les compagnies (cf. *infra*, p. 40).

Observation : Même si l'on refuse à la jurisprudence le caractère d'une source de droit à proprement parler, on ne peut ignorer son rôle en matière de droit des assurances, dont elle est amenée à définir ou préciser certaines notions et certains mécanismes originaux.

> SECTION 2

L'influence de la construction européenne

En tant que secteur économique de premier plan, l'assurance est concernée, comme les autres services financiers (banques, par ex.), par la construction européenne. Les sources de droit communautaire doivent, en raison de leur impact direct sur le droit français, être considérées comme de véritables sources de droit national dans les domaines qu'elles ont vocation à régir.

§1 - SOURCES DU DROIT COMMUNAUTAIRE

A. Les normes juridiques communautaires

1. LE TRAITÉ INSTITUANT LA COMMUNAUTÉ EUROPÉENNE

En dehors de certains textes de portée générale (ex. : art. 94 et s., relatifs à l'harmonisation des législations; 293, qui offre la possibilité de conventions internationales; 81 et 82, fixant les cadres du droit de la concurrence), les articles 44 à 47 et 52 du traité CE tracent les objectifs propres au secteur de l'assurance : liberté d'établissement et de prestation de services, caractérisant un « marché unique » de l'assurance (cf. *infra*, p. 43).

2. LE DROIT DÉRIVÉ

Il s'agit des actes pris par les autorités communautaires compétentes (Conseil, Commission, Parlement) : règlements et directives, décisions, recommandations et avis.

Dans le domaine de l'assurance les directives sont essentiellement destinées à favoriser l'harmonisation des droits nationaux.

3. LA JURISPRUDENCE COMMUNAUTAIRE

Plusieurs questions de principe ont été tranchées par la Cour de justice des Communautés européennes. Ses arrêts, notamment ceux qui interprètent le droit communautaire, s'imposent aux États et à leurs juridictions.

B. Les rapports du droit communautaire et du droit national

1. L'applicabilité directe du droit communautaire

Le droit communautaire, loin de ne concerner que les États membres eux-mêmes, s'applique directement aux entreprises et aux individus, sans l'intermédiaire du droit national. Il peut donc être invoqué sous certaines conditions en tant que tel devant les juridictions nationales.

2. La primauté du droit communautaire

En cas de conflit entre une règle communautaire et une règle nationale (même une loi postérieure), c'est la règle communautaire qui prévaut.

Les juges nationaux doivent donc, le cas échéant, écarter une disposition de la loi française qui serait contraire à une norme communautaire.

§2 - Domaines d'influence du droit communautaire sur le droit français de l'assurance

A. Droit des entreprises d'assurances

La plupart des règles gouvernant les conditions de création des entreprises d'assurances sont aujourd'hui identiques dans les États de l'Union européenne, notamment en ce qui concerne leur solvabilité. La nomenclature des branches pour lesquelles peut être obtenu l'agrément administratif nécessaire à l'exercice de l'activité est également commune.

Si la collaboration entre les autorités de contrôle se développe, l'exercice même du contrôle demeure sous la responsabilité de chaque État.

Une directive de 1998 organise la surveillance complémentaire des entreprises faisant partie d'un groupe d'assurance et une directive de 2001 vise l'assainissement et la liquidation des entreprises d'assurances. Au surplus, une directive de 2002 organise une surveillance complémentaire des entreprises d'assurances appartenant à un « conglomérat financier ».

La Commission européenne a adopté, le 10 juillet 2007, une proposition de directive instituant un nouveau régime appelé « Solvabilité II » qui devrait être opérationnel pour 2012. Il introduira des exigences plus poussées en matière de solvabilité des entreprises d'assurances. La proposition est maintenant examinée par le Parlement européen et par le Conseil.

B. Droit du contrat d'assurance

1. Droit du contrat en général

Malgré l'importance des travaux visant à harmoniser certains aspects fondamentaux du droit des contrats, celui-ci reste exclusivement d'inspiration nationale, et les divergences entre systèmes juridiques (notamment entre pays de droit écrit et pays de *common law*) rendent chimérique le projet d'une harmonisation significative.

Dans le domaine du droit international privé, en revanche, des règles de conflit communes ont été adoptées (cf. *infra*, p. 51).

2. Réglementation de certains contrats

a) Assurance de responsabilité civile automobile

Cinq directives (1972, 1983, 1990, 2000, 2005) fixent un certain nombre de règles applicables dans tous les États. Elles concernent l'obligation d'assurance elle-même, l'étendue des garanties et le traitement des sinistres impliquant un véhicule étranger. Le système dit de la « carte verte », avec lequel elles s'articulent, déborde d'ailleurs les frontières de l'Union européenne.

b) Assistance touristique

Bien que la directive de 1984 ne concerne en principe que les entreprises elles-mêmes, le contenu des contrats d'assistance s'en trouve clarifié dans tous les États.

c) Protection juridique

Une directive de 1987 réglemente sur certains points essentiels les contrats de protection juridique. Elle impose notamment une garantie clairement individualisée, le libre choix de l'avocat et le recours à l'arbitrage.

Observation : Au-delà de la variété de ses sources formelles, le droit de l'assurance résulte essentiellement de la prise en considération d'un ensemble de données spécifiques, qui constituent autant de contraintes que les législateurs ne peuvent perdre de vue.

Celles-ci sont liées avant tout à l'originalité de l'opération d'assurance et de l'activité d'assurance, qui retentissent nécessairement sur le régime du contrat d'assurance. Ce dernier ne représente en réalité, à de nombreux points de vue, que l'instrument d'une relation d'assurance, de nature objective, avec une institution.

C. Autres domaines

Plusieurs textes communautaires intéressent divers aspects de l'activité d'assurance :
– l'interdiction de principe des ententes (art. 81, traité CE) entre assureurs comporte de notables exceptions (par ex. en matière de fixation des primes techniques ou de coassurance) ;
– une directive de 2002 régit l'activité d'intermédiation.
– une directive de 2005 a pour objet, à l'instar des directives sur l'assurance directe, d'harmoniser les règles relatives au contrôle de l'accès à la réassurance et de son exercice.

PREMIÈRE PARTIE

L'OPÉRATION D'ASSURANCE

Généralités

Transcendant en quelque sorte chacune des relations singulières qui s'établissent entre un assureur et ses assurés, l'opération d'assurance n'est possible que grâce à une mutualisation des risques au sein d'une collectivité. Pour que celle-ci fonctionne correctement, ses ressources doivent compenser les engagements qu'elle a pris, de sorte que l'on parvienne à un équilibre financier de l'opération. Si celle-ci se présente jusqu'alors sous un jour abstrait, on ne saurait méconnaître que, concrètement, il existe une diversité des opérations d'assurance qui supporte malgré tout des classifications.

TITRE I
La mutualisation des risques

Généralités

L'opération d'assurance repose au départ sur la volonté partagée par une collectivité de personnes de mettre en commun les risques qui leur sont propres et dont la réalisation n'affectera que certaines d'entre elles.

Le terme de risques est loin de n'appartenir qu'au vocabulaire de l'assurance : on le trouve, par exemple, à propos du transfert de la chose vendue, en droit de la responsabilité (« acceptation des risques »), en matière financière (risque de change), etc.

Dans le domaine de l'assurance, le risque est généralement défini comme l'événement qui entraîne, s'il survient, l'obligation pour l'assureur d'exécuter sa promesse. Mais le terme est aussi couramment employé pour désigner des biens, des activités ou même des personnes (ex. : les résidences secondaires, le vol, les jeunes conducteurs sont de « mauvais risques »).

> CHAPITRE I
LES RISQUES SUSCEPTIBLES D'ÊTRE ASSURÉS

> SECTION 1
Notion de risque assurable

§1 - CARACTÈRES GÉNÉRAUX DES RISQUES ASSURABLES

On affirme en général que l'événement constituant le risque doit être aléatoire, c'est-à-dire que sa survenance doit être incertaine, autrement dit qu'elle doit dépendre du hasard.

On en déduit que, si un événement n'a aucune chance de se réaliser, ou au contraire s'il est totalement prévisible ou déjà réalisé, il est exclu du champ de l'assurance. C'est pourquoi est notamment interdite l'assurance des faits intentionnels, l'assuré ne devant pas, de sa propre initiative, déclencher le jeu de la garantie.

En réalité, la notion de risque assurable est plus complexe. Un événement n'est assurable que s'il a fait l'objet d'observations précises et s'il est statistiquement maîtrisable. Il importe également que la probabilité de sa réalisation ne soit pas trop élevée, faute de quoi l'opération d'assurance perdrait de son intérêt économique.

Ce n'est qu'au plan de l'acceptation d'un risque dans la mutualité qu'il convient de vérifier que le souscripteur n'aura pas la possibilité de réaliser le risque par sa seule volonté. À vrai dire, d'ailleurs, l'examen du caractère volontaire n'aura généralement lieu que lors de la survenance du sinistre, pour en exclure la prise en charge par l'assureur.

§2 - Catégories de risques assurables

Un risque ne peut trouver de couverture qu'à condition de rentrer dans une qualification précise relevant d'une branche d'assurance régulièrement autorisée par les pouvoirs publics (vol, incendie, corps de véhicule, etc.).

Il faut tenir compte du sens que les assureurs eux-mêmes donnent à toutes ces notions, et qui est généralement plus étroit que leur signification usuelle. Par exemple, les conséquences d'une inondation ne constituent pas, du point de vue des assureurs, un « dégât des eaux » (cf. *supra*, p. 5) et le vol « à la tire » n'est pas un risque assurable.

Il est sans doute abusif, lorsqu'il s'agit d'interpréter ces notions dans un contrat, de prétendre s'en remettre à « la commune intention des parties ». La définition des risques assurables, indispensable au fonctionnement cohérent de l'opération d'assurance, relève exclusivement de l'assureur (et même, en pratique, d'un accord entre les assureurs).

> Section 2

Limites de l'assurabilité des risques

Les frontières qui séparent les risques assurables de ceux qui ne le sont pas dépendent, non seulement de considérations techniques et financières, mais également de considérations morales et sociales.

L'évolution contemporaine tend à montrer que de nombreux risques, jadis exclus de l'assurance, peuvent aujourd'hui être garantis. Le législateur peut d'ailleurs être amené aussi bien à prohiber l'assurance de risques techniquement assurables qu'à la rendre obligatoire.

§1 - Assimilation d'un risque ordinaire à un risque assurable

Il s'agit de risques que les assureurs ne prendraient pas spontanément, mais que les pouvoirs publics leur demandent d'assumer pour des raisons d'intérêt général et moyennant aménagement financier.

L'exemple le plus caractéristique est celui de l'assurance des « catastrophes naturelles » (loi du 13 juillet 1982). Les contrats couvrant des dommages quels qu'ils soient (incendie, vol, bris de glace, etc.) sont réputés contenir des clauses-types les concernant. L'appréciation de la réalisation du risque dépend de la prise d'arrêtés ministériels *a posteriori* constatant l'état de catastrophe naturelle dans une région donnée.

§2 - Interdiction d'assurer des risques techniquement assurables

Il s'agit de maintenir l'assurance dans son rôle indemnisateur et d'empêcher que ses mécanismes ne soient utilisés à des fins non conformes aux exigences de la morale sociale.

Sont ainsi interdites, par exemple, l'assurance des conséquences pénales d'une activité délictueuse (même celles résultant de simples contraventions provoquées par l'imprudence ou la négligence), l'assurance en cas de décès sur la tête d'un mineur de moins de douze ans (crainte du *votum mortis*).

§3 - Transformation d'un risque simplement assurable en un risque obligatoirement assuré

Pour des raisons tirées de la protection de certaines victimes dignes de compassion, le législateur rend obligatoire l'assurance de certains risques, contraignant ainsi les individus à s'assurer au profit des tiers et les assureurs à accepter des risques qu'ils n'auraient peut-être pas acceptés.

Les exemples sont nombreux et se sont particulièrement développés en France depuis quelques décennies. À côté de l'assurance automobile, on citera, en matière de construction, l'assurance dommages-ouvrage, qui vise à réparer les dommages subis personnellement par l'assuré, et celle de la responsabilité décennale des constructeurs (loi du 4 janvier 1978), l'assurance des agences de voyage, des professionnels de santé, des chasseurs, des groupements sportifs, etc.

L'obligation ainsi faite aux assureurs d'accepter des risques qu'ils auraient pu refuser entraîne dans certaines hypothèses la création de procédures particulières en cas de refus persistant (bureau central de tarification, cf. *infra*, p. 36).

> CHAPITRE II

L'ACCEPTATION MUTUELLE DES RISQUES

Généralités

L'entrée des risques dans la mutualité ne peut s'opérer sans que l'assureur, garant de l'intérêt de celle-ci, exerce en son nom un contrôle sur leur conformité avec certaines exigences techniques.

Il lui appartiendra alors de prendre la décision d'accepter le risque proposé ou de le rejeter.

En cela l'opération d'assurance se distingue nettement d'autres prestations de services. Loin d'être un simple fournisseur de services, l'assureur apparaît avant tout comme le gestionnaire vigilant d'une mutualité.

> SECTION 1

Les bases techniques de l'acceptation

§1 - IMPÉRATIFS STATISTIQUES

A. Homogénéité des risques

Il est nécessaire de grouper, dans les statistiques, des risques de même nature (incendie, explosion, etc.) et portant sur des objets comparables (maisons individuelles, établissements industriels, etc.) en tenant compte de leur valeur.

B. Conditions de réalisation des risques

Il faut classer les risques selon les conditions de leur réalisation (ex. : en assurance automobile, selon l'âge des conducteurs, la date du permis de conduire, la puissance des véhicules, etc.), leur durée et leur fréquence.

§2 - PRÉVISION

A. Principe

L'application du calcul des probabilités, fondé sur la théorie des grands nombres, permet avec les corrections appropriées, de prévoir l'évolution d'un risque donné.

B. Conséquence

L'apparition de risques nouveaux (pollution, perte de satellites spatiaux, soustraction d'information sur ordinateur, etc.) qui n'ont pu faire l'objet d'observations statistiques suffisamment significatives oblige les assureurs à des extrapolations prudentes et empiriques.

> SECTION 2

La décision d'accepter un risque

§1 - La sélection des risques

A. L'examen concret du risque à assurer

Les calculs statistiques ayant fourni à l'assureur une base d'appréciation des risques assurables, il s'agit ensuite pour lui de les confronter aux conditions concrètes des risques qui lui sont proposés, à partir des informations que lui fournira le candidat à l'assurance, éventuellement complétées par d'autres renseignements (expertise des objets à assurer, visite médicale, etc.).

B. L'impératif de dissémination des risques

Pour être acceptables, les risques doivent être suffisamment disséminés, c'est-à-dire ne pas devoir se réaliser en même temps et atteindre un trop grand nombre d'assurés. Il s'agit là d'appréciations qui relèvent de la « politique » de l'assureur, et qui peuvent varier d'une compagnie à une autre.

§2 - L'attitude de l'assureur

A. Le refus du risque

L'assureur tient de sa fonction de représentant de la mutualité le pouvoir (et le devoir) de refuser certains risques, et cela sans avoir à expliquer ses motifs.

Seule la loi peut l'obliger, dans des cas exceptionnels, à accepter des risques qu'il n'aurait pas sélectionnés spontanément : c'est le cas notamment, dans l'assurance automobile obligatoire, de certains conducteurs, qui, dès lors qu'ils sont assujettis à l'obligation d'assurance, doivent pouvoir trouver une mutualité d'accueil.

B. Le recours à d'autres assureurs

Il arrive fréquemment que l'assureur ne soit pas en mesure d'accepter un risque en raison de son importance et de la valeur qu'il met en jeu. Ce risque, qui dépasse le « plein de conservation » de la compagnie (c'est-à-dire la somme maxima que l'assureur accepte de garantir pour une seule affaire) pourra en général être couvert grâce à la technique de la coassurance ou à celle de la réassurance.

1. La coassurance

Elle est fréquente pour les risques industriels et de transport, par exemple, qui mettent en jeu des sommes considérables.

Plusieurs compagnies garantissent le risque, chacune pour une certaine part, sans solidarité entre elles (selon une stipulation généralement prévue dans la police), et se répartissent proportionnellement les primes. L'assuré n'est en rapport qu'avec un seul interlocuteur : l'apériteur (ou compagnie apéritrice) qui gère la police unique collective.

2. La réassurance

Une entreprise d'assurances (cédante) se fait assurer auprès d'une autre entreprise (cessionnaire) pour des risques dont elle demeure tenue auprès de son assuré.

Le traité de réassurance n'entraîne d'effet qu'entre le cédant et le cessionnaire.

TITRE II
L'équilibre financier de l'opération

> CHAPITRE I
LES RESSOURCES DE LA MUTUALITÉ

Généralités

Il est trop sommaire de réduire les aspects financiers de l'assurance à une simple exigence d'équilibre entre les primes perçues et les sommes versées aux assurés et aux tiers.

L'opération d'assurance inverse le processus économique classique : c'est le client qui commence par payer sa prime contre une promesse, dont il importe de garantir la bonne exécution si un sinistre survient.

L'assureur ignore par définition même quel sera le coût individuel de ses prestations. Il ne peut se fonder que sur des prévisions globales, sujettes à ajustements. D'où les règles de gestion spécifiques, ayant nécessairement des répercussions au plan des relations individuelles d'assurance.

> SECTION 1
L'importance des ressources

§1 - LES RECETTES

A. Recettes définitives

1. PRIMES

Appelées également cotisations dans les mutuelles, elles ne résultent que très exceptionnellement d'une négociation avec l'assuré. En fait, elles sont calculées par l'assureur et figurent dans son tarif.

La prime pure est établie sur la base de la prévision du coût des sinistres futurs. Elle est donc d'un niveau très voisin, sinon identique, quelle que soit la compagnie.

Les frais de gestion (variables suivant les compagnies et le mode de distribution de l'assurance) constituent une partie du chargement de la prime, l'autre partie étant formée des taxes sur le contrat d'assurance. L'ensemble, ajouté à la prime pure, détermine le montant de la prime nette ou commerciale effectivement due par l'assuré.

2. REVENUS DES PLACEMENTS

Une partie des revenus financiers des placements réalisés grâce aux primes encaissées est affectée au compte de la mutualité (une autre rémunérant, selon le droit commun, les apporteurs de capital dans les sociétés du secteur commercial).

B. Recettes provisoires

1. Taxes sur le contrat d'assurance

Perçues en même temps que la prime (cf. *supra*), les taxes sur le contrat d'assurance sont destinées à être reversées au Trésor. Elles atteignent en France, comparativement aux pays voisins, un niveau particulièrement élevé.

2. Autres prélèvements

Les assureurs encaissent plusieurs contributions pour le compte de divers organismes liés à la profession (ex. : fonds de garantie) ou pour celui de la sécurité sociale (en assurance automobile).

§2 - Les charges

A. Frais

Il s'agit des frais ordinaires inhérents à toute activité économique : coûts d'exploitation (immobilisations, matériels, salaires, etc.) et rémunération des intermédiaires (sauf, précisément, dans les mutuelles dites sans intermédiaires).

B. Réserves

À ne pas confondre avec les provisions techniques, les sommes placées en réserve sont destinées à rémunérer les apporteurs de capitaux dans la mesure où les résultats de l'exploitation permettront de dégager un bénéfice distribuable.

> Section 2

La gestion des ressources

§1 - Les contraintes de la gestion

A. Provisions techniques

L'équilibre financier de la mutualité repose principalement sur la règle de l'exercice : tous les sinistres survenus pendant une année de référence doivent être réglés grâce aux primes, non pas perçues pendant cet exercice, mais correspondant à celui-ci.

L'assureur doit constituer des provisions techniques, à partir des primes qu'il encaisse, pour tenir compte, d'une part, du fait que ces primes couvrent une période allant au-delà de la fin de l'exercice (une prime annuelle versée le 1er octobre ne concerne l'exercice en cours que pour 3/12), d'autre part, du fait qu'une grande part des sinistres survenus pendant l'exercice ne seront réglés qu'après son expiration (parfois plusieurs années).

D'où la création respective de provisions pour risques en cours et de provisions pour sinistres à régler.

L'évaluation des provisions pour sinistres à régler repose sur la prévision du coût futur des sinistres. Elle justifie notamment l'obligation de déclarer les sinistres imposée à l'assuré (cf. *infra*, p. 87).

Des règles détaillées, inspirées par le souci de protéger l'intérêt des assurés, imposent à l'assureur la création d'autres provisions techniques (en particulier en assurance-vie).

B. Placements

Afin que les engagements de l'assureur puissent être intégralement respectés, le législateur impose des règles de placement, qui l'obligent à investir les sommes affectées aux assurés dans des catégories d'actifs réglementés (valeurs mobilières, immeubles, etc.). La mise en place du Marché commun de l'assurance eut en particulier pour effet de permettre aux assureurs de constituer des actifs sur l'ensemble du territoire de l'Union européenne. Elle exige en revanche qu'ils soient diversifiés et dispersés.

§2 - La surveillance de la gestion

A. Contrôle de la régularité de la gestion financière

L'autorité de contrôle (cf. *infra*, p. 45) vérifie périodiquement et dans le détail la conformité de la gestion financière des compagnies d'assurances. Elle se préoccupe en particulier de l'existence et de l'importance de la marge de solvabilité et du fonds de garantie (cf. *infra*, p. 49).

B. Intervention en cas de difficultés financières

Conformément aux règles du droit communautaire, il est prévu une intervention des autorités de contrôle pour le cas où apparaîtraient des signes de désordres financiers menaçant les intérêts des assurés et des tiers.

Cette intervention peut aller de l'imposition d'un plan de redressement ou d'un plan de financement jusqu'au retrait de l'agrément et à la liquidation de la compagnie.

> CHAPITRE II

LES ENGAGEMENTS DE LA MUTUALITÉ

Généralités

La mise en commun des risques et des primes entraîne pour la mutualité l'obligation de répondre par une prestation pécuniaire aux demandes qui lui seront adressées en cas de sinistre. L'examen des engagements de la mutualité est abordé ici sous l'angle, non pas des droits individuels de chaque assuré en cas de sinistre, mais sous celui des règles qui gouvernent l'opération d'assurance elle-même.

Il serait inexact de penser que les engagements de la mutualité résultent de la somme arithmétique des garanties stipulées dans l'ensemble des contrats souscrits. En réalité, pour que l'opération soit équilibrée, les engagements doivent être proportionnels aux ressources de la mutualité et ils doivent être contenus dans certaines limites.

> SECTION 1

La proportionnalité des engagements aux ressources de la mutualité

Dans la mesure où les ressources de la mutualité proviennent essentiellement des primes, c'est de la bonne adéquation de ces primes aux risques que dépend en premier lieu l'équilibre de l'opération. Mais celui-ci est également lié à une correcte évaluation des biens assurés.

§1 - PROPORTIONNALITÉ DES ENGAGEMENTS AUX PRIMES

Les primes doivent correspondre aussi exactement que possible à la réalité des risques couverts. Toute discordance entre cette réalité et la représentation que l'assureur s'en est faite, notamment à travers la déclaration que lui a fournie le souscripteur, peut fausser les calculs prévisionnels.

En dehors de toute hypothèse de fraude (qui justifie l'exclusion du souscripteur de mauvaise foi), la simple sauvegarde des intérêts de la mutualité exige que l'engagement de l'assureur soit réduit au niveau de ce qu'il aurait été s'il avait exactement connu le risque.

Au plan des relations individuelles d'assurance, cela se traduit par la réduction proportionnelle de prime (cf. *infra*, p. 56).

§2 - Proportionnalité des engagements aux valeurs assurées

La valeur des biens assurés n'est pas en général considérée comme un élément du risque à proprement parler. Fixée en principe unilatéralement par le souscripteur, elle est en revanche un paramètre fondamental de calcul de la prime, donc de l'équilibre de l'opération.

Il importe donc que cette valeur soit aussi proche que possible de la valeur « assurable », c'est-à-dire de la valeur véritable de la chose assurée.

En cas de sous-assurance, l'assureur ne perçoit ainsi qu'une prime inférieure à celle qui couvrirait intégralement le risque, de sorte que « l'assuré est considéré comme restant son propre assureur pour l'excédent » (art. L. 121- 5, C. assur.). En réalité, ce qui fausse le calcul de l'assureur, c'est que, l'établissement du taux des primes étant fonction non seulement du montant prévisible des sinistres totaux mais également de celui des sinistres partiels, la limite de la valeur assurée ne saurait être invoquée pour couvrir un sinistre partiel. Dans ce dernier cas, il convient, pour que l'engagement de la mutualité reste proportionnel aux valeurs assurées, d'appliquer la règle proportionnelle de capitaux à l'indemnisation individuelle (cf. *infra*, p. 92).

> Section 2

Les limites des engagements de la mutualité

L'opération d'assurance n'est à aucun titre une opération spéculative. Son but n'est pas de procurer un enrichissement.

La mutualité voit donc ses engagements nécessairement limités, directement par le principe indemnitaire, indirectement par le jeu de la subrogation.

§1 - Limite directe : le principe indemnitaire

Le principe indemnitaire veut que le bénéficiaire d'une indemnité d'assurance ne trouve pas en elle une occasion de faire un profit. Ce principe, sans signification dans l'assurance-vie, laquelle ne fournit pas une indemnité proprement dite, comporte de multiples applications.

Ainsi les règles qui gouvernent l'évaluation des dommages couverts par l'assurance (cf. *infra*, p. 89) ainsi que les mesures relatives à l'excès d'assurance (cf. *infra*, p. 90) sont-elles destinées à modérer l'engagement de la mutualité.

Le principe indemnitaire ne s'oppose pas toutefois à l'assurance du profit espéré.

La règle a été dégagée, tout d'abord en matière d'assurance maritime (assurance de la valeur des marchandises au port d'arrivée et non au port d'embarquement), puis en matière d'assurances terrestres (ex. : l'assurance contre la grêle).

Le profit espéré doit être assuré par convention expresse et comme complément de l'indemnité principale. Il doit être déterminable sur des bases objectives, et non simplement forfaitaires (ainsi, dans l'assurance des pertes d'exploitation, l'indemnité est fixée sur la base du chiffre d'affaires effectif).

§2 - Limite indirecte : la subrogation

À supposer que le dommage subi par l'assuré soit imputable à un tiers responsable, la dette du tiers doit permettre à la mutualité d'alléger son engagement à due concurrence. C'est pourquoi, après avoir indemnisé l'assuré, l'assureur sera subrogé dans les droits de celui-ci contre le tiers, sous réserve de certains cas exceptionnels (cf. *infra*, p. 101).

Conformément à la nature propre des assurances sur la vie, en revanche, l'assureur ne dispose d'aucun recours subrogatoire contre l'auteur éventuel du décès. La situation est plus complexe dans le domaine des assurances contre les accidents corporels en raison du caractère indemnitaire et non forfaitaire de certaines des prestations dues par l'assureur (cf. *infra*, p. 102).

TITRE III
Les classifications des opérations d'assurance

> CHAPITRE I
CLASSIFICATION FONDÉE SUR LE MODE DE GESTION DES RISQUES

> SECTION 1
Contenu de la classification

§1 - ASSURANCES GÉRÉES EN RÉPARTITION

L'assureur redistribue aux victimes des sinistres (assurés, tiers) les sommes qu'il a encaissées sous forme de primes. Les primes versées ne servent donc qu'à l'indemnisation des dommages réalisés.

Les principales branches d'assurance gérées en répartition sont l'incendie, les autres dommages aux biens, la responsabilité civile, les accidents et la maladie.

§2 - ASSURANCES GÉRÉES EN CAPITALISATION

L'assureur doit affecter une partie des primes à la création d'un capital en prévision d'une échéance plus ou moins lointaine. Ce capital se constitue progressivement grâce aux intérêts composés de la prime.

Les principales branches d'assurance gérées en capitalisation sont la vie, la natalité et la nuptialité, les opérations tontinières.

Remarque : L'assurance de la construction emprunte des techniques aux deux formes de gestion; on parle parfois à leur propos de « semi-répartition » ou « semi-capitalisation ».

> SECTION 2
Intérêt de la classification

La distinction concerne essentiellement les conditions de l'agrément administratif nécessaire à l'exercice de l'activité d'assurance.

En principe, l'agrément accordé pour une branche déterminée est exclusif. Mais, s'il s'agit d'assurances de répartition, il permet de garantir des risques relevant d'une autre branche de telles assurances, à condition que ceux-ci soient accessoires au risque principal.

En revanche, les entreprises agréées pour des assurances de capitalisation (assurances-vie et assimilées) ne sont jamais autorisées (sauf aménagements) à assurer des risques gérés en répartition. C'est le principe de la spécialisation.

> CHAPITRE II

CLASSIFICATION FONDÉE SUR LES CARACTÈRES DE LA PRESTATION PROMISE

> SECTION 1

Contenu de la classification

À de nombreux points de vue, s'opposent les assurances de dommages et les assurances de personnes.

§1 - ASSURANCES DE DOMMAGES

Leur objet est d'indemniser l'assuré pour les dommages qu'il subit personnellement dans son patrimoine ou de le garantir contre les conséquences pécuniaires de sa responsabilité civile.

A. Assurances de choses

1. Le sinistre est constitué par la destruction, la dégradation ou la disparition matérielle des biens assurés :
– choses déterminées (tel immeuble, tel tableau),
– choses simplement déterminables au moment du sinistre (stock de marchandises, fonds transportés).

2. Peuvent également être assurées les conséquences pécuniaires du dommage (pertes d'exploitation).

B. Assurances de responsabilité

1. Elles réparent le préjudice causé au patrimoine par l'obligation d'indemniser mise à la charge de l'assuré en raison de sa responsabilité.

2. La technique de l'action directe (cf. *infra*, p. 118) permet à la victime de s'adresser à l'assureur pour être indemnisée, évitant ainsi le concours avec les créanciers du responsable.

3. Tantôt, le montant de l'assurance est indéterminé, l'assuré ignorant l'étendue des dommages qu'il peut causer ainsi que les victimes éventuelles. Tantôt, l'assureur limite son engagement à un certain plafond.

§2 - Assurances de personnes

A. Caractères des prestations de l'assureur

1. Elles n'ont pas à proprement parler pour but de réparer un dommage, même si l'idée de dédommagement est loin d'être absente en cas d'assurance décès. Elles constituent avant tout un acte de prévoyance.

2. Toutefois, en ce qui concerne les assurances contre les accidents corporels ou la maladie, l'aspect indemnitaire prévaut, lorsque la prestation de l'assureur consiste en un remboursement de frais (médicaux, pharmaceutiques, d'hospitalisation) ou l'indemnisation de dommages consécutifs aux blessures ou au décès de l'assuré, du moins lorsque, selon les stipulations contractuelles, les prestations sont calculées selon les méthodes du droit de la responsabilité – ce qui n'est pas toujours le cas.

B. Fixation des sommes assurées

1. L'assuré fixe librement le montant des capitaux assurés sans aucune limitation, du moins lorsque les prestations n'ont pas un caractère indemnitaire.

2. En général les assureurs exigent, avant de conclure, que leur soient déclarées les assurances déjà contractées, afin d'apprécier le risque subjectif.

> SECTION 2

Intérêts de la classification

§1 - Intérêts quant aux conditions de l'assurance

A. Exigence d'un intérêt assurable

1. On définit l'intérêt d'assurance comme la valeur économique pécuniaire qui risque d'être perdue en cas de sinistre et que l'on a intérêt à conserver.

Contrairement à certains droits étrangers, le droit français n'exige un intérêt d'assurance que dans les assurances de dommages.

2. En général, cet intérêt se rencontre chez le propriétaire, mais il existe aussi chez les autres titulaires de droits réels (usufruit, nue propriété) ou de droits de créance ; chez les personnes dont le patrimoine est menacé (assurances de responsabilité). Plusieurs personnes peuvent donc avoir des intérêts concurrents sur une même chose (propriétaire et locataire).

B. Interdiction des assurances excessives

1. Cette interdiction ne concerne pas les assurances de personnes (non-indemnitaires).

2. Appliquée aux assurances de dommages, elle vise plusieurs pratiques (surassurance, assurances cumulatives, cf. *infra*, p. 90). L'excès d'assurance donne lieu à la réduction de la somme assurée et peut même entraîner la nullité de l'opération.

§2 - Intérêts quant à la mise en œuvre de la garantie

A. Application du principe indemnitaire

Le principe indemnitaire (cf. *supra*, p. 89) ne s'applique, par définition même, qu'aux assurances de dommages. Il est étendu à l'assurance maladie et à l'assurance accidents corporels lorsqu'il y est stipulé qu'elles sont destinées à réparer un préjudice de l'assuré.

B. Subrogation de l'assureur

1. En assurance sur la vie, le capital promis étant issu principalement de la capitalisation des primes, son versement n'est pas considéré comme provoqué par l'intervention éventuelle d'un tiers (décès accidentel). Il n'est lié qu'à l'exécution du contrat.

L'assureur ne peut donc, en principe, être subrogé dans les droits de son assuré, dont les ayants droit peuvent ainsi cumuler le bénéfice de l'assurance et celui des indemnités de droit commun.

2. En matière d'assurances de dommages et, dans les assurances accidents corporels comportant des prestations indemnitaires, l'assureur qui a dédommagé peut se retourner à due concurrence contre l'auteur responsable du dommage.

DEUXIÈME PARTIE
L'ACTIVITÉ D'ASSURANCE

Généralités

À l'instar des autres activités de services financiers, l'assurance, comme la banque par exemple, est affaire de professionnels. Derrière l'expression d'« assureur » qui désigne commodément le partenaire de l'assuré, se découvre un réseau d'institutions et d'organismes complexes en pleine évolution.

Au carrefour des intérêts parfois convergents, mais également souvent opposés, des assureurs, des assurés, des tiers et des pouvoirs publics, l'assurance ne peut s'exercer que dans des conditions strictes qui tendent, sous l'influence de la construction européenne, à s'internationaliser.

TITRE I
Les promoteurs de l'activité d'assurance

> CHAPITRE I
LES ORGANISMES PRATIQUANT L'ASSURANCE

> SECTION 1
Les entreprises d'assurances

Seules des sociétés peuvent avoir une activité d'assurance. Le Code des assurances en donne la liste à l'article L. 322-1 : « Toute entreprise française mentionnée à l'article L. 310-1 doit être constituée sous forme de société européenne, de société anonyme ou de société d'assurance mutuelle ».

Par « entreprise française », il faut entendre une entreprise qui a son siège social en France métropolitaine ou dans l'une des collectivités territoriales régies par l'article 73 de la Constitution.

Au sujet de la société européenne, il faut simplement retenir ceci : elle est régie par les dispositions du règlement (CE) nº 2157/2001 du Conseil du 8 octobre 2001 relatif au statut de la société européenne (SE), par les dispositions du chapitre IX du titre II du livre II du Code de commerce et par les règles du Code des assurances applicables aux sociétés anonymes non contraires à celles-ci.

§1 - SOCIÉTÉS ANONYMES

1. Soumises au droit commun des sociétés anonymes, avec quelques exigences particulières (capital social minimum plus élevé, dispense de la réserve légale de droit commun, contrôle de l'État sur les prises de participation, etc.), elles ne peuvent pratiquer que des primes fixes : en cas de résultats déficitaires, l'assuré ne peut se voir réclamer de complément de prime (sauf cas exceptionnel en assurance automobile).

2. Les bénéfices qu'elles réalisent sont destinés aux apporteurs de capital.

Observation : Initialement établissement public à caractère administratif, géré depuis 1959 par la Caisse des dépôts, la Caisse nationale de prévoyance (CNP), qui pratique les assurances de personnes, a adopté, en 1987, le statut d'établissement public à caractère industriel et commercial (EPIC), pour devenir, en 1992, CNP Assurances, société anonyme à directoire et conseil de surveillance régie par le Code des assurances, puis, en 2007, une société anonyme avec conseil d'administration.

§2 - Sociétés d'assurance mutuelles

1. Elles doivent être distinguées des mutuelles régies par le Code de la mutualité (cf. *infra*). Sociétés de nature civile, elles fonctionnent sans capital social, et, sous réserve de garantir le règlement intégral des engagements qu'elles contractent, elles peuvent pratiquer des cotisations (terme préférable à celui de primes) fixes ou variables (sauf pour ces dernières si elles ont pour activité l'assurance sur la vie ou la capitalisation). Elles peuvent donc procéder, selon les résultats de leurs opérations, à des rappels ou à des ristournes.

2. Leurs conseils d'administration doivent comporter des administrateurs élus par le personnel.

3. Bien que la loi du 31 décembre 1989 les ait regroupées sous l'appellation générale de sociétés d'assurance mutuelles, les anciennes formes mutualistes (sociétés mutuelles d'assurance, sociétés à forme tontinière, sociétés ou caisses d'assurance et de réassurance mutuelles agricoles) subsistent et sont soumises sur certains points à des règles particulières.

§3 - Assurances agricoles

Les sociétés ou caisses d'assurance et de réassurance mutuelles agricoles, régies à certains points de vue par le Code rural, ont vocation à pratiquer les opérations liées à l'agriculture.

> Section 2

Les autres organismes

§1 - Mutuelles du Code de mutualité

Leur objet principal n'est pas l'assurance, et celle-ci n'apparaît, dans les textes, que comme une simple faculté. Au demeurant, la liste des assurances que ces mutuelles peuvent pratiquer est limitée : dommages corporels liés à des accidents et à la maladie, assurances sur la vie, épargne, protection juridique et assistance aux personnes, pertes de revenu dues au chômage. Pour cela, un certain nombre de règles sont empruntées au Code des assurances.

§2 - Institutions de prévoyance

Les opérations qu'elles peuvent pratiquer sont moins nombreuses que celles des mutuelles. En revanche, le Code de la sécurité sociale les présente directement comme étant des opérations d'assurance : assurance sur la vie, épargne, dommages corporels liés aux accidents et à la maladie, chômage. Il est également fait appel à des règles empruntées au Code des assurances.

> CHAPITRE II

LES ORGANISMES ASSOCIÉS À L'ACTIVITÉ D'ASSURANCE

> SECTION 1

Le Bureau central de tarification

Il intervient pour certaines assurances obligatoires (assurance de responsabilité automobile, assurances construction, assurance de responsabilité médicale, catastrophes naturelles, assurance des engins de remontée mécanique).

Il peut être saisi par un assujetti à l'obligation d'assurance qui s'est vu opposer un refus de la part d'un assureur sollicité afin de le garantir.

Il a pour rôle exclusif de fixer le montant de la prime moyennant laquelle l'entreprise d'assurances intéressée est tenue de garantir le risque qui lui a été proposé. Il peut déterminer le montant d'une franchise qui reste la charge de l'assuré.

> SECTION 2

Les fonds de garantie

D'une manière générale, ils se substituent à l'assurance, lorsque celle-ci est absente ou défaillante.

Au fil du temps, la liste de ces organismes, dont les financements sont variés, s'est allongée surtout à une époque récente, Dans l'ordre chronologique ce sont :

1. Le Fonds de garantie contre les accidents de circulation et de chasse, initialement appelé Fonds de garantie automobile, lors de sa création en 1951, et rebaptisé Fonds de garantie des assurances obligatoires de dommages (FGAO) par une loi du 1er août 2003. Ces changements de dénomination traduisent un élargissement constant des attributions de ce fonds. Jusqu'à cette dernière loi, il prenait en charge l'indemnisation des victimes lorsque le responsable était inconnu ou non assuré. Puis la loi du 30 juillet 2003 l'a chargé de l'indemnisation des dommages matériels résultant d'une catastrophe technologique, en l'absence d'assurance garantissant le propriétaire des biens endommagés, tandis qu'une loi du 1er août 2003 lui confie la protection de certains assurés victimes de la défaillance des sociétés d'assurances dommages.

2. En 1986, le Fonds de garantie des victimes des actes de terrorisme dont la compétence a ensuite été étendue à l'indemnisation des victimes d'infraction en 1990 (FGVTI).

3. En 1991, le Fonds d'indemnisation des victimes de contamination par le VIH.

4. En 1999, le Fonds de garantie des assurés contre la défaillance de sociétés d'assurance de personnes destiné à préserver les droits de ceux qui auraient à souffrir de l'insolvabilité d'une de ces sociétés.

5. En 2000, le Fonds d'indemnisation des victimes de l'amiante (FIVA).

6. Enfin, en 2002, l'Office national d'indemnisation des victimes d'aléa thérapeutique (ONIAM).

Observation : Le FGAO a un caractère subsidiaire, en ce sens qu'il ne prend en charge que les dommages dont la victime n'a pu se faire indemniser par une autre source. En revanche, les autres fonds n'ont pas un tel caractère, mais, après avoir indemnisé la victime, ils sont subrogés dans les droits de cette dernière contre d'éventuels responsables.

> CHAPITRE III

LES ORGANES D'INTERMÉDIATION

Une loi du 15 décembre 2005 (accompagnée d'un décret d'application et d'un arrêté) a transposé la directive de 2002 sur l'intermédiation. Elle comporte en plus certaines dispositions qui ne relèvent pas de la transposition.
L'intermédiation est définie comme « l'activité qui consiste à présenter, proposer ou aider à conclure des contrats d'assurance ou à réaliser d'autres travaux préparatoires à leur conclusion ». Un intermédiaire quant à lui est une personne qui, contre rémunération, exerce une activité d'intermédiation en assurance.

> SECTION 1

Les catégories d'intermédiaires

§1 - ÉNUMÉRATION

Les personnes habilitées sont énumérées par l'article R. 511-2 du Code des assurances :

1° Les courtiers d'assurance ou de réassurance, personnes physiques et sociétés immatriculées au registre du commerce pour l'activité de courtage d'assurance.

2° Les agents généraux d'assurance, personnes physiques ou personnes morales, titulaires d'un mandat ou chargées à titre provisoire pour une durée de deux ans au plus non renouvelable des fonctions d'agent général d'assurance.

3° Les mandataires d'assurance, personnes physiques non salariées et personnes morales autres que les agents généraux d'assurance, mandatées à cet effet par une entreprise d'assurance.

4° Les mandataires d'intermédiaires d'assurance, personnes physiques non salariées et personnes morales mandatées par une personne physique ou une personne morale mentionnée aux 1°, 2° ou 3° ci-dessus.

5° Les personnes physiques salariées commises à cet effet par l'une des personnes ci-dessus.

6° Les intermédiaires enregistrés sur le registre d'un autre État membre de la Communauté européenne ou d'un autre État partie à l'accord sur l'Espace économique européen pour l'exercice de l'intermédiation en assurance.

Un intermédiaire peut exercer au titre de plusieurs catégories parmi celles mentionnées aux 1° à 4°.

Remarque : Certaines personnes, bien que ne rentrant pas dans les catégories précédentes, sont autorisées à offrir des services d'intermédiation accessoirement à leur activité professionnelle principale. Ces activités sont au nombre de deux : fourniture de biens et prestation de transport de voyageurs.

§2 - DÉVELOPPEMENTS PARTICULIERS AUX AGENTS GÉNÉRAUX ET AUX COURTIERS D'ASSURANCES

A. Agents généraux d'assurances

Leur statut professionnel, longtemps déterminé par deux décrets de 1949 (agents IARD) et 1950 (agents-vie), a été réformé, pour les nouveaux agents, par un décret du 15 octobre 1996, qui officialise un accord conclu entre les représentants de la profession et les assureurs. Les anciens agents peuvent demander à en bénéficier. Il y est clairement affirmé que l'agent général exerce une activité indépendante de distribution et de gestion de produits et services d'assurance en vertu d'un mandat écrit (contrat d'agence).

Parmi les innovations de ce texte, figure notamment la possibilité pour les agents généraux de se constituer sous forme d'une société anonyme, en commandite par actions ou d'une SARL, même si l'objet de leur activité demeure civil et s'ils sont considérés comme exerçant une profession libérale.

De nombreux aspects des relations entre les agents et leurs compagnies sont fixés par des conventions signées par les syndicats professionnels.

1. EXERCICE DES FONCTIONS DE L'AGENT GÉNÉRAL

a) Le nouveau statut ne modifie pas le principe selon lequel l'agent général doit réserver l'exclusivité de sa production à la compagnie à laquelle il est lié et pour les risques dont il est chargé pour celle-ci. Néanmoins, il lui est permis, sous certaines conditions (risques relevant d'autres branches ou refusés par l'assureur), de faire conclure des contrats auprès d'autres compagnies. Ses pouvoirs de représentation varient (il peut être habilité à signer personnellement certaines polices, à encaisser les primes, etc.) suivant son « traité ». Il est rémunéré par des commissions, auxquelles peut s'ajouter un système d'intéressement aux résultats.

b) Les agents IARD (et eux seuls) étaient, sous l'empire du statut de 1949, théoriquement protégés contre la concurrence d'autres intermédiaires de la compagnie par le principe de l'exclusivité territoriale de l'agence. Mais cette exclusivité était loin d'être absolue, certaines compagnies se réservant le droit de créer d'autres agences dans la même circonscription. L'exclusivité territoriale a disparu du nouveau statut.

2. CESSATION DES FONCTIONS DE L'AGENT GÉNÉRAL

a) En cas de cessation des fonctions, il est reconnu à l'agent le droit de présenter un successeur à l'agrément de la compagnie. Ce même droit est reconnu aux ayants droit de l'agent décédé. Il s'agit en fait d'une cession de clientèle. En cas de non-présentation d'un successeur ou de refus de la compagnie, cette dernière doit une indemnité compensatrice, calculée en fonction des revenus de l'agence. En contrepartie, l'agent est tenu d'une obligation de non-concurrence pendant trois ans.

b) La compagnie peut révoquer l'agent (notamment pour insuffisance de production), mais elle doit une indemnité (qui s'ajoute à l'indemnité compensatrice) en cas de révocation abusive.

B. Courtiers d'assurances

1. Notion de courtage d'assurance

a) Le courtier (encore appelé parfois « assureur-conseil ») est un commerçant, dont le rôle consiste à faire conclure des contrats d'assurance auprès de la compagnie la mieux adaptée aux besoins de son client. Il défend donc avant tout les intérêts de l'assuré. Il doit être inscrit au registre du commerce, mais le défaut d'inscription ne peut être opposé aux tiers, ces derniers pouvant invoquer la théorie de l'apparence.

Propriétaire de son fonds de commerce, il cède librement sa clientèle commerciale. L'activité de courtage peut s'exercer en société.

b) La situation juridique du courtier est complexe : généralement qualifié de mandataire du souscripteur, il encourt à ce titre une responsabilité professionnelle sévère notamment en raison de son devoir de conseil. Mais on le considère aussi pour certains actes déterminés comme mandataire de l'assureur (délivrance d'une note de couverture, par exemple), même si le mandat n'est qu'apparent.

2. Notion d'usages du courtage

a) Les relations entre le courtier et les compagnies ne sont pas définies par un texte légal ou réglementaire. Mais les usages de la profession sont reconnus par la jurisprudence et furent publiés, en 1935, par le Syndicat national des courtiers d'assurances (de l'époque).

b) Les principaux usages concernent l'acceptation des risques par la compagnie, le droit à la commission, les devoirs de la compagnie en cas de modification du contrat initial, etc.

> Section 2

Les conditions d'exercice de l'intermédiation

Les conditions nécessaires à l'exercice de l'intermédiation sont au nombre de quatre :
- obligation d'immatriculation sur un registre unique des intermédiaires librement accessible au public ;
- honorabilité et capacité professionnelle, ces conditions devant être remplies par les dirigeants, lorsque l'intermédiaire est une personne morale ;
- assurance couvrant l'intermédiaire contre les conséquences pécuniaires de sa responsabilité civile professionnelle ;
- garantie financière pour protéger les clients contre le risque de détournement de fonds (primes, indemnités).

> SECTION 3

L'obligation d'information et de conseil

Créée depuis quelques décennies sous la forme d'une obligation générale, l'obligation d'information et de conseil a été consacrée, mais de manière partielle et avec une finalité particulière, par la directive de 2002 et la loi de transposition.

§1 - Règles légales spéciales

Il s'agit de faire en sorte que le produit d'assurance présenté au souscripteur éventuel soit adapté à ses besoins. À cette fin, l'intermédiaire est soumis à deux obligations.

– Il doit se livrer à une prospection suffisante du marché afin d'éviter de verser dans la partialité. Mais, de ce point de vue, tous les intermédiaires ne sont pas placés dans la même situation. Pour cette raison, trois situations sont distinguées, chacune obligeant l'intermédiaire à donner aux clients des indications en rapport avec la situation dans laquelle il se trouve par rapport à une ou plusieurs entreprises d'assurances : soit il est soumis à une obligation contractuelle d'exclusivité; soit il n'est pas soumis à une telle obligation; soit, sans être soumis à une obligation d'exclusivité, il travaille habituellement avec une ou plusieurs entreprises d'assurances.

– Il doit se livrer à une analyse approfondie du risque, et, pour ce faire, préciser les exigences et les besoins du souscripteur éventuel ainsi que les raisons qui motivent le conseil fourni quant à un produit d'assurance déterminé.

La communication se fait sur support papier ou tout autre support durable à la disposition du souscripteur et auquel il a facilement accès. Cependant, lorsque le souscripteur demande une couverture immédiate, les informations peuvent être fournies oralement.

§2 - Obligation générale

La jurisprudence applique avec vigilance en matière d'assurance les principes qu'elle a dégagés pour les professionnels en général. Face à des souscripteurs réputés profanes, les intermédiaires doivent les conseiller au mieux de leurs intérêts. Ils ont ainsi, à côté du devoir d'information sur les contrats qu'ils présentent, l'obligation de veiller sur l'évolution ultérieure de la situation de l'assuré afin que celui-ci ne se retrouve pas indûment privé de garantie. L'étendue de ce devoir varie toutefois selon la catégorie à laquelle appartient l'intermédiaire.

Observation : On rapprochera de cette jurisprudence, même si elle s'en distingue du point de vue de son fondement juridique, celle qui s'est développée en matière de mandat apparent de l'intermédiaire : le souscripteur, qui n'a pas en pratique la possibilité de vérifier la réalité ou l'étendue du mandat de l'intermédiaire, pourra invoquer l'apparence que la compagnie a laissé s'établir et sur la base de laquelle il a, par exemple, versé une prime qui n'a jamais abouti à la compagnie.

> SECTION 4

Responsabilité du fait des intermédiaires

Cette responsabilité est bien antérieure à la transposition de la directive et n'a, par conséquent, rien à voir avec elle. En revanche, il faut s'y référer pour déterminer quels sont les mandants responsables. Il s'agit :
– des entreprises d'assurance du fait de leurs agents généraux et de leurs mandataires d'assurance ;
– des courtiers, agents généraux et mandataires d'assurance du fait de leurs mandataires d'intermédiaires.

En vertu de l'article L. 511-1 du Code des assurances, pour l'activité d'intermédiation, l'employeur ou mandant est civilement responsable, dans les termes de l'article 1384 du Code civil, du dommage causé par la faute, l'imprudence ou la négligence de ses employés ou mandataires agissant en cette qualité, lesquels sont considérés comme des préposés, nonobstant toute convention contraire.

Le mandant, responsable de plein droit dès lors que le mandataire n'excède pas les limites de la mission qui lui a été impartie, conserve la possibilité de s'exonérer aux mêmes conditions que pourrait le faire un commettant. En revanche, le droit commun est écarté, puisque le mandant, à la différence d'un commettant, est autorisé, après avoir indemnisé la personne lésée, à exercer un recours contre le mandataire. La responsabilité personnelle de ce dernier subsiste entièrement. La Cour de cassation l'a jugé à propos d'un agent général d'assurances.

TITRE II
Les conditions d'exercice de l'activité d'assurance

Généralités

L'activité d'assurance est depuis longtemps étroitement encadrée et surveillée par les pouvoirs publics, soucieux de protéger les assurés et, plus généralement, l'épargne. L'instauration progressive d'un Marché commun de l'assurance a bouleversé les traditions juridiques françaises du contrôle des entreprises et des contrats. Devant un marché dont l'accès a été très largement ouvert tant aux assureurs étrangers qu'aux assureurs français eux-mêmes, il a fallu trouver les adaptations nécessaires.

> CHAPITRE I
LE CADRE JURIDIQUE DE L'ACTIVITÉ

> SECTION 1
L'adaptation de la réglementation nationale aux orientations européennes

§1 - LES ORIENTATIONS EUROPÉENNES

Le traité de Rome ne touchait qu'indirectement l'assurance. Celle-ci devait néanmoins, comme les autres activités de services, voir disparaître progressivement les obstacles à son exercice constitués pour l'essentiel par un ensemble de restrictions tenant, soit aux conditions d'établissement des compagnies, soit à l'impossibilité de conclure des contrats hors du pays de l'établissement.

A. La liberté d'établissement

Proclamée dès 1973 pour les assurances de dommages et en 1979 pour les assurances-vie, la liberté d'établissement permet à toute entreprise régulièrement agréée dans un État membre de l'Union européenne d'ouvrir une succursale ou une agence sur le territoire d'un autre État membre sans avoir besoin d'y solliciter un nouvel agrément. L'implantation dans le pays d'accueil suppose néanmoins un échange d'informations entre les autorités de contrôle concernées.

B. La liberté de prestation de services

Cette liberté doit permettre à une entreprise établie dans un État membre de conclure directement des contrats dans un autre État membre sans y disposer d'un établissement. Elle doit inversement offrir à tout ressortissant d'un État membre la possibilité de choisir un assureur non établi dans cet État.

Si la reconnaissance abstraite de cette liberté a pu être affirmée dès 1974 par la Cour de justice des Communautés européennes, sa mise en œuvre a été rendue délicate et s'est étalée sur une vingtaine d'années. Consentie dans un premier temps (1988) en matière d'assurances de dommages (plus libéralement pour les risques industriels que pour ceux des particuliers) elle a été étendue, non sans réticences, aux assurances-vie (1990).

Observation : C'est à la faveur des directives dites de la 3e génération (1992) que la libéralisation générale est devenue une réalité. Elle impliquait d'ailleurs un changement majeur dans les réglementations nationales du contrôle.

§2 - La révision des règles du contrôle

A. La responsabilité du contrôle

La liberté de prestation de services a laissé subsister, jusqu'aux directives de 1992, une dualité d'autorités de contrôle : celles de l'État du siège de l'entreprise, celles de l'État où avait lieu la prestation, la répartition de leurs rôles respectifs relevant de dispositions complexes.

À l'heure actuelle, en vertu du principe dit de la « licence unique », la mission de surveillance de l'activité d'une entreprise d'assurances incombe exclusivement à l'autorité de son siège social, et cela pour toutes ses opérations, même celles qui ont lieu dans d'autres États membres. Les autorités de contrôle de l'État de la prestation n'ont plus, en principe, à intervenir, sauf pour faire respecter, le cas échéant, leur ordre public.

B. L'esprit du contrôle

Les perspectives libérales et concurrentielles du Marché commun de l'assurance ont contraint les législateurs nationaux à concentrer le contrôle sur la solvabilité des entreprises et sur la bonne gestion de leurs provisions techniques.

En revanche, le contrôle du contenu des contrats et celui des tarifs ne doivent plus présenter qu'un caractère exceptionnel.

Observation : Les entreprises non communautaires dont le siège social est situé dans un État membre de l'Espace économique européen relèvent de règles particulières posées dans le Code des assurances par la loi de 1994. Le régime juridique auquel elles sont soumises s'inspire des règles applicables aux sociétés d'assurance ressortissantes de l'Union européenne, mais comporte certaines restrictions spécifiques.

> Section 2

Le maintien d'une organisation nationale du contrôle

Depuis longtemps l'État exerce un contrôle rigoureux sur les entreprises et les opérations d'assurances « dans l'intérêt des assurés, souscripteurs et bénéficiaires de contrats d'assurance et de capitalisation » (art. L. 310-1, C. assur.).

Si, traditionnellement, le contrôle proprement dit était exercé par la direction des Assurances du ministère des Finances, ce dernier en a été progressivement dépossédé. Certes, il existe toujours, au sein de la Direction générale du trésor et de la police économique, une sous-direction Assurances, elle-même composée du bureau des entreprises et intermédiaires d'assurance et du bureau des marchés et produits assurance. Mais les attributions de ces bureaux relèvent plutôt des attributions habituelles d'une administration centrale. Notamment, ils ont en charge la législation et la réglementation propres à leur domaine de compétence.

Actuellement, il existe deux organes de contrôle :
– le « Comité des entreprises d'assurance » compétent en matière d'agrément administratif (octroi, retrait) (cf. *infra*, p. 46) ;
– l'« Autorité de contrôle des assurances et des mutuelles », laquelle est une autorité publique indépendante, chargée de veiller au respect par les entreprises d'assurances, par les mutuelles du Code de la mutualité et par les institutions de prévoyance, des dispositions législatives et réglementaires qui leur sont applicables ainsi que des engagements contractuels qui les lient aux assurés ou aux adhérents. Elle dispose pour cela du corps des commissaires contrôleurs, hauts fonctionnaires assermentés.

> CHAPITRE II

L'ACCÈS AU MARCHÉ

> SECTION 1

Nécessité d'un agrément

§1 - Principes communs à toutes les entreprises

Les entreprises ayant leur siège social en France ne peuvent commencer leurs opérations qu'après avoir obtenu un agrément administratif, lequel est accordé pour les opérations d'une ou plusieurs branches d'assurances. L'entreprise ne peut pratiquer que les opérations pour lesquelles elle est agréée (art. L. 321-1). Cet agrément est accordé, sur demande de l'entreprise, par le Comité des entreprises d'assurance. Il vaut comme agrément unique à l'intérieur de l'Union européenne (corrélativement, une entreprise d'assurances y ayant son siège social n'a pas à obtenir un agrément pour s'établir en France).

1. Principales conditions de l'agrément

Elles sont relatives à la forme juridique de l'entreprise, à l'activité qu'elle entend exercer (fourniture d'un programme d'activités) et surtout à sa solvabilité (fonds minimum de garantie et prévisions relatives aux recettes et aux dépenses, notamment en vue de la constitution de la marge de solvabilité future).

2. Décision administrative de refus d'agrément

En cas de refus d'agrément, un recours juridictionnel est possible de la part des intéressés.

§2 - Règles particulières

1. Agences et succursales d'entreprises étrangères

Elles doivent désigner un mandataire général et présenter, pour celles qui relèvent d'entreprises dont le siège social est situé hors de l'Union européenne, certaines garanties de solvabilité particulières.

2. Entreprises d'assurances sur la vie

Aucune entreprise ne peut être agréée à la fois pour pratiquer l'assurance dommages et l'assurance-vie. Des atténuations à ce principe de spécialisation permettent néanmoins, par exemple aux entreprises d'assurance-vie, d'être agréées pour les risques accidents et maladie et réciproquement, l'essentiel étant que la gestion en capitalisation n'interfère pas avec la gestion en répartition (cf. *supra*, p. 28).

> SECTION 2

Exercice de la libre prestation de services

Formes traditionnellement opposées de l'exercice de l'activité d'assurance, la libre prestation de services et l'établissement sont aujourd'hui largement assimilables, dans la mesure où l'agrément obtenu dans le pays d'établissement autorise les entreprises à opérer également à l'extérieur de ses frontières. Cela résulte du principe de l'agrément unique. Il subsiste toutefois des différences qui limitent leur assimilation.

§1 - LE PRINCIPE DE L'AGRÉMENT UNIQUE

A. Cas de l'entreprise unique

Conformément aux directives de 1992, toute entreprise qui entend effectuer pour la première fois dans un ou plusieurs États membres ses activités en régime de libre prestation de services est tenue d'en informer au préalable les autorités de l'État membre où elle a été agréée en indiquant la nature des engagements qu'elle se propose de couvrir. Celles-ci se contenteront d'en informer les autorités des États intéressés qui n'ont plus à fournir elles-mêmes un agrément.

B. Cas des opérations de coassurance

La coassurance communautaire (associant des entreprises établies dans différents États de l'Union européenne) n'est permise que pour la couverture des « grands risques ». Cette notion recouvre, à côté des grands risques « par nature » (risques de transport, corps de véhicules autres que terrestres et responsabilité civile y afférente), les risques de crédit et caution (à condition que le souscripteur les fasse couvrir dans le cadre d'une activité industrielle, commerciale ou libérale) et certains risques (incendie, autres dommages aux biens, corps de véhicules terrestres et responsabilité civile y afférente, etc.). Encore faut-il, pour ces derniers, qu'ils soient relatifs à une entreprise et que celle-ci soit suffisamment importante, ce qui s'induit du total de son bilan, du montant net de son chiffre d'affaires et du nombre de membres de son personnel, ces seuils chiffrés ayant été pratiquement abaissés de moitié depuis le 1er janvier 1993.

Seul l'apériteur est tenu de requérir de son autorité nationale un agrément de libre prestation de services.

§2 - LA SPÉCIFICITÉ DE LA LIBRE PRESTATION DE SERVICES

A. Régime particulier du secteur automobile

Exclue à l'origine du champ d'application de la liberté de prestation de services, l'assurance automobile n'est pas entièrement soumise au régime de droit commun. D'une part, l'assureur est tenu d'adhérer au Bureau national d'assurances ainsi qu'au Fonds de garantie de l'État où le véhicule est normalement stationné. D'autre part, l'État de prestation de services, sans être appelé à donner pour autant un agrément à l'entreprise établie dans un autre État membre, peut exiger de celle-ci qu'elle désigne un représentant résident chargé du traitement des dossiers d'indemnisation et de la représentation de l'assureur en justice.

B. La fiscalité

Dans l'impossibilité de parvenir à une harmonisation des taxes sur le contrat d'assurances et dans l'attente de leur problématique soumission à la TVA, tout contrat conclu en libre prestation de services est exclusivement soumis aux impôts indirects et taxes parafiscales grevant les primes d'assurance dans l'État où est situé le risque ou dans celui de la résidence de l'assuré sur la vie.

Il en résulte que les États peuvent exiger des assureurs étrangers qu'ils désignent un représentant fiscal, responsable devant les autorités nationales.

> CHAPITRE III

L'EXERCICE DE L'ACTIVITÉ

Généralités

L'intervention des pouvoirs publics ne se limite pas à un contrôle des entreprises lors de l'entrée sur le marché. Elle s'exerce avec vigilance sur l'ensemble de leurs opérations ultérieures, et cela sous un angle essentiellement financier et comptable. De même était-il admis que l'administration française disposait d'un droit de regard sur les contrats d'assurance eux-mêmes afin de prévenir d'éventuelles violations de la loi.

> SECTION 1

Le contrôle de l'activité des entreprises

§1 - NATURE DU CONTRÔLE

Le contrôle des pouvoirs publics porte essentiellement sur le patrimoine des entreprises. Différentes normes « prudentielles », fixées avec précision par des textes communautaires, doivent être respectées par les entreprises d'assurances (marge de solvabilité, fonds de garantie). De même, le calcul des provisions techniques (cf. *supra*, p. 23) et leur représentation par des actifs appropriés font l'objet d'une surveillance attentive.

§2 - EXERCICE DU CONTRÔLE

A. Autorités chargées du contrôle

Le contrôle général de l'activité des entreprises, y compris pour leurs opérations en libre prestation de services, incombe exclusivement aux autorités de l'État de l'agrément (ce qui n'exclut pas une collaboration avec les autorités des autres États membres), dont les pouvoirs sont déterminés par leur droit national. C'est, en France, à l'Autorité de contrôle des assurances et des mutuelles qu'il revient de « veiller au respect, par les entreprises d'assurances, des dispositions législatives ou réglementaires relatives à l'assurance ».

B. Surveillance particulière des entreprises en difficulté

1. NOTION D'ENTREPRISE EN DIFFICULTÉ

La mise en évidence de difficultés financières résulte du franchissement de certains « seuils d'alerte » révélant (premier degré de gravité) que la marge de solvabilité se trouve inférieure à un certain minimum, ou que (second degré de gravité) elle est descendue au-dessous du fonds de garantie.

2. Intervention des autorités de contrôle

Selon l'importance du danger, les autorités de contrôle pourront exiger un plan de redressement, un plan de financement à court terme ou interdire la libre disposition des actifs de l'entreprise.

3. Retrait de l'agrément

Cette mesure radicale peut intervenir, lorsque l'entreprise a enfreint les dispositions législatives ou réglementaires qui lui sont applicables ou se livre à des pratiques qui mettent en péril sa marge de solvabilité ou l'exécution des engagements qu'elle a contractés envers les assurés.

Observation : L'agrément peut également être retiré par le Comité des entreprises d'assurance pour diverses raisons, notamment en cas d'absence prolongée d'activité ou de rupture de l'équilibre entre les moyens financiers de l'entreprise et son activité.

> Section 2

Le régime des contrats d'assurance

§1 - Règles générales

A. Contrôle des contrats

1. Contrôle administratif

Le ministre peut exiger la communication des documents à caractère contractuel ou publicitaire ayant pour objet une opération d'assurance (art. L. 310-8). Il peut en exiger la modification ou en décider le retrait s'il apparaît qu'ils sont contraires aux dispositions en vigueur. Si la procédure du visa a disparu en tant que telle, l'autorité de contrôle a donc conservé la possibilité d'intervenir *a posteriori* pour obtenir le retrait des contrats comportant des clauses irrégulières.

2. Clauses-types

L'article L. 111-4 du Code des assurances permet à l'autorité administrative d'imposer l'usage de clauses-types. La pratique en offre de nombreux exemples.

Si la validité même du procédé n'est pas contestable, il va de soi que ces clauses-types doivent elles-mêmes être conformes aux règles légales.

B. Contrôle des tarifs

La loi du 31 décembre 1989 a supprimé le contrôle des montants minimaux et maximaux des tarifications ainsi que celui des taux de rétribution des intermédiaires. Elle a, en revanche, laissé subsister pour l'administration le pouvoir de fixer les règles de calcul actuariel applicables aux contrats d'assurance-vie ou de capitalisation.

§2 - Règles particulières aux contrats conclus en libre prestation de services

A. Limites du choix de la loi applicable

La seule hypothèse dans laquelle les parties sont réellement libres de choisir la loi applicable est celle des contrats couvrant les « grands risques » (art. L. 181-1, 5°, C. assur.; cf. *supra*, p. 47). Hormis cette hypothèse, la liberté est limitée en tenant compte de la situation du risque, de la résidence du souscripteur, du lieu de survenance éventuelle du sinistre ou même de l'activité professionnelle du souscripteur.

Remarque : des règles particulières gouvernent la détermination de la loi applicable aux contrats d'assurance-vie : il s'agit de la loi française ou de celle de l'État membre dont le souscripteur est ressortissant.

1. Détermination légale de la loi applicable

a) La loi française s'applique lorsque le contrat est destiné à satisfaire une obligation d'assurance imposée par la loi française (art. L. 182-1).

b) Elle s'applique également lorsque le risque ainsi que la résidence principale ou le siège de direction du souscripteur sont situés en France (art. L. 181-1, 1°).

2. Détermination conventionnelle de la loi applicable

Dans toutes les hypothèses suivantes, la loi française peut toujours être choisie, mais on peut lui en préférer une autre :

a) Le risque est situé en France mais le souscripteur n'y a pas sa résidence (art. L. 181-1, 2°), ou l'inverse.

b) Le souscripteur exerce une activité commerciale, industrielle ou libérale et le contrat couvre deux ou plusieurs risques relatifs à ces activités dont certains sont situés dans un ou plusieurs États de l'Espace économique européen. Le choix peut alors porter sur la loi de n'importe lequel de ces États ou sur celle de l'État de résidence du souscripteur (art. L. 181-2, 3°).

c) La garantie des risques est limitée à des sinistres pouvant survenir dans un autre État membre. La loi de cet État serait valablement choisie alors même que le risque et la résidence du souscripteur seraient situés en France (art. L. 181-2, 4°).

3. Modalités du choix

L'absence d'un choix exprès par les parties pouvant faire naître un doute, le législateur a pris le soin de fournir une sorte de méthode de rattachement du contrat à un ordre juridique national. En particulier la loi de situation du risque est présumée, faute d'élément contraire, s'appliquer en tant qu'elle présente, selon le législateur, les liens les plus étroits avec le contrat.

B. Correctifs au choix de la loi applicable

1. Dispositions communautaires

Les directives communautaires laissent planer certaines ambiguïtés en disposant que le choix d'une loi ne peut, lorsque tous les autres éléments de la situation sont localisés dans un seul État membre, porter atteinte aux dispositions impératives de cet État, c'est-à-dire aux dispositions auxquelles la loi de cet État ne permet pas de déroger par contrat. Il est également prévu que le juge peut appliquer ses règles nationales qui régissent impérativement la situation, quelle que soit la loi applicable au contrat. De même, mais à condition que le droit d'un État membre le prévoie, les dispositions impératives de la loi de l'État du risque ou de celui qui impose une obligation d'assurance peuvent prévaloir sur la loi choisie par les parties si ces dispositions sont applicables, selon le droit de ces pays, quelle que soit la loi régissant le contrat. Enfin il est admis que, sous réserve des dispositions précédentes, les États membres appliquent aux contrats d'assurance leurs règles générales de droit international privé en matière d'obligations contractuelles.

2. Dispositions nationales

Le législateur français a traduit les dispositions communautaires de la manière suivante :

a) Assurances obligatoires

Si l'obligation d'assurance est prévue par la loi d'un autre État, le juge pourra donner effet en France aux dispositions d'ordre public de la loi de cet État ou de celui où le risque est situé, si, selon le droit de ces pays, ces dispositions sont applicables quelle que soit la loi régissant le contrat (art. L. 181-3, 2°, C. assur.).

b) Autres assurances

Pour les grands risques, les dispositions impératives du Code des assurances (au sens de l'art. L. 111-2) sont applicables lorsque tous les éléments du contrat (et non tous les autres éléments, cf. *supra*, 1) sont localisés sur le territoire français (art. L. 181-1, 5°, C. assur.).

De manière générale, le choix d'une loi étrangère ne peut jamais faire obstacle aux dispositions d'ordre public de la loi française. Symétriquement, les juges français peuvent donner effet aux dispositions d'ordre public d'un État membre si le droit de cet État le prévoit (art. L. 181-3, 2° et L. 183-2, 2°, C. assur.).

Il est à craindre qu'en raison des controverses régnant sur les notions de dispositions impératives, de lois de police et d'ordre public, le système retenu ne soit source de discussions aboutissant à faire échec en pratique à l'application des lois étrangères.

TROISIÈME PARTIE

LA RELATION D'ASSURANCE

Généralités

La relation d'assurance est une relation, de type juridique, qui permet de faire rentrer un risque dans une mutualité, et de l'y maintenir, durant un temps plus ou moins long, avec tous les effets qu'implique cette présence.

De ce fait, elle appelle une analyse permettant d'en faire connaître tous les aspects, indépendamment des circonstances qui peuvent venir perturber son fonctionnement.

Cette dernière éventualité ne doit pas pour autant être négligée, d'autant plus que les relations d'assurance engendrent un contentieux relativement abondant.

Titre I
Analyse de la relation

Généralités

L'établissement de la relation se fait sur la base du contrat d'assurance.

Des précisions terminologiques doivent être données à son sujet. Sur la tête d'une même personne ou sur des personnes différentes, reposent des qualités qu'il faut distinguer.

- Le souscripteur est celui qui conclut le contrat avec l'assureur et s'engage à lui payer les primes. Les dispositions légales sur l'assurance vie emploient le terme « contractant ».

- L'assuré est celui dont les biens ou la personne sont exposés à un risque (noter que l'assurance en cas de décès sur la tête des mineurs de moins de 12 ans, des majeurs en tutelle, et des personnes placées dans un établissement psychiatrique d'hospitalisation est interdite sous peine de nullité absolue et de sanctions pénales, réserve étant faite de l'adhésion d'un majeur en tutelle, par représentation, à une assurance de groupe en cas de décès conclue pour l'exécution d'une convention de travail). La Cour de cassation décide que, dans une assurance de chose, la personne qui a souscrit le contrat d'assurance a, sauf stipulation contraire, la qualité d'assuré.

- Le bénéficiaire est celui qui reçoit l'indemnité ou le capital que l'assureur verse en cas de sinistre.

- Le droit communautaire use du vocable « preneur d'assurance ». Replacé dans son contexte européen, il désigne la personne qui se trouve en face de l'assureur. Mais son introduction dans les textes nationaux fait difficulté, car, selon les cas, il désigne, tantôt le souscripteur, tantôt l'assuré. Il est vrai que la loi du 13 juillet 1930 elle-même faisait très mal le départ et employait de manière presque systématique le vocable « assuré ».

Le contrat d'assurance est régi par des règles propres, impliquées par son existence et son déroulement, qu'il se produise ou non un sinistre, c'est-à-dire la survenance d'un événement correspondant à la garantie procurée par la mutualité. Le propre de l'événement garanti étant son caractère aléatoire, il peut se faire qu'un contrat s'achève sans que jamais l'assureur ait eu à intervenir, pour verser une prestation. Il n'empêche qu'il aura procuré à l'assuré la contrepartie des primes versées sous forme de garantie.

Mais, lorsque le sinistre se produit effectivement, il déclenche toute une série d'effets qui montrent la relation d'assurance sous un jour particulier.

> CHAPITRE I

LE CONTRAT D'ASSURANCE

> SECTION 1

L'existence du contrat

L'existence du contrat d'assurance est sous une double dépendance : d'une part l'accomplissement de certains actes par les parties; d'autre part un objet correspondant à l'engagement de garantie pris par l'assureur, au nom de la mutualité.

§1 - LES ACTES ACCOMPAGNANT LA CRÉATION DU CONTRAT

Certains actes ont un effet créateur à l'égard du contrat puisqu'ils contribuent à sa conclusion, tandis que d'autres ont un effet destructeur puisqu'ils conduisent à son extinction.

A. Conclusion du contrat

Deux actes distincts interviennent dont l'individualité n'est pas toujours perceptible. En fait, la distinction est perçue lorsque les deux actes sont dissociés dans le temps.

L'accord des volontés engage irrévocablement les parties. La prise d'effet correspond à la prise en charge effective du risque par la mutualité.

La conclusion du contrat s'accompagne de la rédaction de la police d'assurance.

1. L'ACCORD DES VOLONTÉS

a) Actes préalables à l'échange des consentements

Le contrat d'assurance est sujet au risque d'erreur. Plutôt que d'avoir à sanctionner une erreur consommée, le législateur a préféré mettre en place un système préventif fait de deux obligations d'information : l'une au bénéfice de l'assureur, l'autre au bénéfice du candidat à l'assurance. Sur l'un et l'autre point, la loi du 31 décembre 1989 a apporté des éléments nouveaux.

1) Information de l'assureur

- **Modalités**

La loi du 31 décembre 1989 a abandonné le principe de la déclaration spontanée, qui obligeait en fait le candidat à l'assurance à suppléer à l'absence de questionnaire ou à son caractère incomplet.

En vertu de l'article L. 113-2 du Code des assurances, le candidat à l'assurance est obligé de répondre exactement aux questions posées par l'assureur, notamment dans le formulaire qu'il lui demande de remplir, sur les circonstances qui sont de nature à faire apprécier par celui-ci les risques qu'il prend à sa charge.

Si, entre le moment où il a rempli le questionnaire et celui où le contrat est conclu, des circonstances nouvelles ont pour conséquences soit d'aggraver les risques, soit d'en créer de nouveaux, rendant, de ce fait, caduques ou inexactes, les réponses antérieures, le candidat à l'assurance est tenu de les déclarer, car elles sont de nature à influer sur l'appréciation de l'assureur.

Le questionnaire est de type fermé. Au surplus, l'assureur ne pourrait se prévaloir du fait qu'une question exprimée en termes généraux n'a reçu qu'une réponse imprécise (art. L. 112- 3, al. 2, C. assur.). La Cour de cassation, pour sa part, exige fermement des juges du fond qu'ils constatent, avant de prononcer une sanction, que l'assureur avait posé une question relative à la circonstance litigieuse.

- **Incidences d'une information inexacte**

Il appartient à l'assureur de faire la preuve de l'inexactitude (on observera que, dans certains cas, l'assureur ne la découvre jamais). Une difficulté sérieuse est apparue, lorsque les faits que l'assureur veut invoquer, pour démontrer l'inexactitude, se heurtent au secret médical (par ex., il prétend qu'une maladie ne lui a pas été déclarée dans le questionnaire). La Cour de cassation s'efforce de préserver le secret médical, sans pour autant sacrifier les intérêts de l'assureur. D'une manière générale, elle considère que l'attitude de celui qui s'oppose à la levée du secret médical doit tendre à faire respecter un intérêt moral légitime et non à faire écarter un élément de preuve contraire à ses prétentions.

La portée de la déclaration inexacte à l'égard de l'assureur fait parfois difficulté dans le cas d'une police multirisques. La Cour de cassation décide qu'elle doit être appréciée par rapport à chaque risque en litige, mais indépendamment des circonstances du sinistre.

- **Assuré de mauvaise foi** (art. L. 113-8, C. assur.) : il s'agit de l'assuré qui a eu le dessein de tromper l'assureur pour l'amener à contracter à des conditions désavantageuses, la charge de la preuve pesant sur celui-ci.

L'assureur peut demander en justice l'annulation du contrat. Celle-ci est rétroactive en ce sens que, si des sinistres se sont produits auparavant, ils ne sont pas garantis (restitution des indemnités versées). Cependant, l'assureur conserve les primes encaissées.

Selon la Cour de cassation, l'assureur ne peut se prévaloir de la nullité du contrat d'assurance lorsque son agent général ou ses employés ont eu connaissance de la réticence ou de la fausse déclaration au moment de la souscription ; il est surtout fait application de cette jurisprudence à l'égard des agents généraux de la compagnie d'assurances (Observation : la référence à l'article L. 511-1 du Code des assurances a été abandonnée).

- **Assuré de bonne foi** (art. L. 113-9, C. assur.) : il s'agit de l'assuré dont la mauvaise foi n'a pas été établie par l'assureur. La loi a prévu plusieurs incidences :
– Incidences sur le contrat : l'assureur peut le résilier d'emblée sans même proposer à l'assuré de le réviser. Ou alors, l'assureur peut proposer à l'assuré une révision du contrat de manière à ajuster, par une augmentation, le montant de la prime à la valeur du risque. En cas de refus de l'assuré, l'assureur peut résilier le contrat.
– Incidences sur les sinistres déjà survenus : l'indemnité d'assurance est réduite en proportion du taux des primes payées par rapport au taux des primes qui auraient été dues si les risques avaient été exactement déclarés.

Si l'assureur qui demandait l'annulation du contrat échoue, parce qu'il n'a pu démontrer la mauvaise foi de l'assuré, le juge n'est pas tenu d'appliquer d'office la réduction proportionnelle.

Si la déclaration inexacte était sans influence sur le montant de la prime, les juges du fond doivent procéder à une réduction équitable. Encore importe-t-il que cette circonstance résulte des tarifs. Car, s'il existe une prime différente, les juges du fond doivent opérer la réduction de l'indemnité en considération de celle-ci. La réduction ne peut être forfaitaire. Par conséquent, il incombe à l'assureur de prouver le montant des primes devant servir de bases à la réduction.

La réduction proportionnelle est opposable à tous, y compris à la victime, et ce même en présence d'une assurance obligatoire. Il n'en va différemment que dans les cas où la loi déclare la réduction inopposable aux victimes, comme c'est le cas notamment en assurance de responsabilité automobile.

Observation : L'assureur peut renoncer aux sanctions après la découverte de l'irrégularité, plus souvent de manière implicite que de manière expresse. Fréquemment, les actes d'où est induite la renonciation sont le fait d'un mandataire (même apparent) de l'assureur. On rencontre parfois une clause d'incontestabilité, aux termes de laquelle l'assureur renonce, par avance, à appliquer les sanctions de l'inexactitude. Mais elle ne produit d'effet qu'à l'égard de l'assuré de bonne foi.

2) Information du candidat à l'assurance

- **Règles générales**

Selon l'article L. 112-2 du Code des assurances, l'assureur doit, avant la souscription du contrat :
– fournir une fiche d'information sur le prix et les garanties ;
– remettre un exemplaire du projet de contrat et de ses pièces annexes ou une notice d'information sur le contrat qui décrit précisément les garanties assorties des exclusions, ainsi que les obligations de l'assuré.

- **Fourniture à distance**

Lorsqu'il s'agit de contrats souscrits par une personne physique agissant à des fins privées, le souscripteur doit recevoir, par écrit ou sur un autre support durable à sa disposition et auquel il a accès en temps utile et avant tout engagement, les conditions contractuelles ainsi qu'un certain nombre d'informations, notamment : le montant total de la prime, la durée minimale du contrat ainsi que les garanties et exclusions prévues par celui-ci (art. L. 112-2-1, C. assur.).

- **Assurances sur la vie**

Avant la conclusion d'un contrat d'assurance sur la vie par une personne physique, l'assureur remet à celle-ci, contre récépissé, une note d'information sur les dispositions essentielles du contrat. À certaines conditions, la proposition d'assurance ou le projet de contrat peuvent valoir note d'information.

b) Échange des consentements

1) Les parties

- **L'assureur**

Il s'agit en fait de l'entreprise d'assurances qui accepte de prendre le risque en charge.

Lorsqu'un intermédiaire s'interpose entre le candidat à l'assurance et l'entreprise, il doit avoir le pouvoir d'engager cette dernière. Si tel n'est pas le cas, l'acte de volonté de l'intermédiaire est inopposable à l'entreprise. Il importe donc de tenir compte qu'en principe, le courtier d'assurances n'a aucun pouvoir d'engagement, et que, si l'agent général est le mandataire de l'entreprise d'assurances, il est fréquent que le traité de nomination limite ses pouvoirs. La jurisprudence fait alors intervenir, lorsque ses conditions sont remplies, la théorie du mandat apparent. La pratique en est tellement courante que, dans le cas de l'agent général, les tribunaux ne prennent pas la peine d'y faire une référence expresse.

- **Le souscripteur**

Tantôt, l'assuré souscrit en son nom et pour son compte personnel.

Tantôt le souscripteur est représenté par un mandataire.

Tantôt le contrat est souscrit par un gérant d'affaires. Dans ce cas, la ratification peut encore intervenir valablement après le sinistre.

Tantôt le souscripteur stipule pour un tiers qui, après acceptation expresse ou tacite de sa part, acquerra la qualité d'assuré (art. L. 112-1, C. assur.) Cette modalité porte le nom d'« assurance pour compte » (forme concise de « assurance pour le compte de qui il appartiendra »). La Cour de cassation a, certes, décidé que, si elle ne se présume pas, l'assurance pour compte peut-être implicite et résulter de la volonté non équivoque des parties. Cependant, dans d'autres arrêts, elle a jugé qu'en matière d'assurance de choses, la personne qui souscrit le contrat a, sauf stipulation contraire, la qualité d'assuré, ce qui paraît en contradiction avec ce qui précède, dans la mesure où une stipulation suppose d'être expresse. Seul le souscripteur sera tenu au paiement des primes. C'est le tiers assuré qui recevra l'indemnité de l'assureur. Toutefois, le souscripteur est présumé avoir également contracté dans son intérêt personnel, lorsque cet intérêt existe à côté de celui du tiers bénéficiaire. De ce fait, l'assureur ne peut exercer de recours contre le souscripteur, dans l'hypothèse où ce dernier serait responsable des dommages subis par une chose appartenant au bénéficiaire assuré. (Observation : la Cour de cassation fait la différence, à propos de l'assurance obligatoire des dommages à l'ouvrage, entre l'assurance pour compte et la souscription, imposée légalement, pour le compte d'autrui. Dans ce dernier cas, le souscripteur n'est pas présumé avoir stipulé à son bénéfice.)

Quant à la capacité requise du souscripteur, elle obéit aux règles du droit commun. Le principe est celui de la capacité, et, dans le cas de personnes mariées, chaque époux peut souscrire seul un contrat d'assurance. Les seules restrictions concernent les mineurs non émancipés et les majeurs dont l'altération des facultés mentales nécessite la mise en place d'un régime de protection. En principe, la souscription d'un contrat d'assurance est considérée comme un acte d'administration, mais, exceptionnellement, elle peut constituer un acte de disposition, ce qui influe sur les pouvoirs du représentant de ces personnes.

- **Cas particulier de l'assurance en cas de décès sur la tête d'autrui** (art. L. 132-2, C. assur.) : au consentement du souscripteur doit s'ajouter celui de l'assuré, tant sur l'existence même du contrat que sur le montant de la prestation stipulée. Le consentement est donné par écrit, mais pas nécessairement dans la police elle-même. En l'absence de consentement de l'assuré, le contrat est nul. Si l'assuré est un mineur de plus de 12 ans non émancipé, en plus du consentement de l'intéressé, il faut le consentement de son représentant légal (art. L. 132-4, C. assur.).

2) Le processus

- **Qualification de la position des parties**

Selon l'article L. 112-2 du Code des assurances, « la proposition d'assurance n'engage ni l'assuré ni l'assureur ». Il s'en déduit que l'assureur n'est pas en position de pollicitant. La remise d'une fiche d'information sur les garanties et sur le prix, conformément à la loi du 31 décembre 1989, n'a rien changé à cette analyse. L'offre émane du candidat à l'assurance au moyen de la proposition d'assurance. Elle est dans l'attente d'une acceptation expresse de l'assureur.

Tant que celle-ci n'est pas intervenue, l'offre de contracter peut être retirée. De son côté, l'assureur demeure libre de refuser l'offre qui lui est faite, sauf lorsqu'un bureau central de tarification (cf. p. 36) le contraint à contracter aux conditions déterminées par lui. L'assureur se détermine à partir des réponses au questionnaire.

- **Principe du consensualisme**

Bien que la loi exige la rédaction d'un écrit (art. L. 112-3, C. assur.), la jurisprudence décide que le contrat d'assurance est consensuel. Aucune formalité n'est requise après la rencontre des volontés.

- **Moment de la rencontre des volontés**

C'est le moment où l'acceptation de l'assureur est portée à la connaissance du candidat à l'assurance, habituellement par la remise de la police revêtue de la signature dudit assureur. Mais tout autre mode de communication de l'acceptation est valable, l'essentiel étant qu'il en reste une preuve.

Toutefois, pour que le contrat soit parfait dès la rencontre des volontés, il est nécessaire qu'un accord intervienne sur l'ensemble des éléments du contrat, en particulier la date de la prise d'effet.

On peut se demander si la Cour de cassation tient encore pour valables les clauses qui subordonnent la formation proprement dite du contrat à l'accomplissement de formalités postérieures à la rencontre des volontés. Il a été jugé qu'importait peu l'existence, dans la police, d'une clause stipulant que le contrat serait parfait dès qu'il serait signé par le souscripteur.

- **Règle particulière aux assurances sur la vie** (art. L. 132-5-1et L. 132-5-2, C. assur.).

Toute personne physique qui a signé une proposition ou un contrat d'assurance sur la vie ou de capitalisation a la faculté d'y renoncer par lettre recommandée avec demande d'avis de réception pendant le délai de trente jours calendaires révolus à compter du moment où elle est informée que le contrat est conclu. La proposition ou le contrat d'assurance comprend un modèle de lettre destiné à faciliter l'exercice de la faculté de renonciation.

La renonciation entraîne la restitution par l'entreprise d'assurance de l'intégralité des sommes versées par le contractant, dans le délai maximal de trente jours calendaires révolus à compter de la réception de la lettre recommandée.

- **Règle particulière aux contrats conclus à distance** (art. L. 112-2-1, C. assur.).

Le souscripteur dispose d'un délai de quatorze jours calendaires révolus pour renoncer, sans avoir à justifier de motif ni à supporter de pénalités. Ce délai commence à courir : soit à compter du jour où le contrat à distance est conclu; soit à compter du jour où l'intéressé reçoit les conditions contractuelles et les informations, si cette dernière date est postérieure à l'autre. Le droit de renonciation ne s'applique pas à certaines assurances dont l'assurance obligatoire de responsabilité automobile.

2. La prise d'effet

L'accord des volontés dont il vient d'être question conduit à la formation définitive du contrat et à l'établissement d'une relation permanente entre les parties qui prendra effet à compter d'une certaine date. Mais la longueur du processus peut être gênante si le candidat à l'assurance souhaite être garanti immédiatement. À certaines conditions, il pourra obtenir une prise d'effet immédiate à l'occasion de la remise de sa proposition à l'assureur.

a) Prise d'effet attachée à l'accord définitif

En principe, l'accord définitif prend effet au moment même de sa réalisation.

Cependant, comme la fixation de la prise d'effet relève de la liberté contractuelle, les parties peuvent prévoir des aménagements ou dérogations.

Il est possible :
– de prévoir le report de la prise d'effet au lendemain, à midi, du jour de la réalisation de l'accord ;
– de subordonner la prise d'effet au paiement de la première prime ou à la signature de la police par l'assuré ;
– de prévoir une date fixe postérieure, ce qui peut présenter un intérêt lorsque l'assuré est encore garanti, pour un temps, par un précédent assureur ;
– de donner à la prise d'effet un caractère rétroactif, mais seuls seront garantis les sinistres dont l'assuré ignorait l'existence.

b) Prise d'effet immédiate attachée à la proposition d'assurance

En même temps qu'il recueille la proposition d'assurance, l'assureur (ou l'intermédiaire habilité à cet effet) accepte de garantir immédiatement le risque qu'on lui propose et délivre une note de couverture constatant son engagement.

Mais, comme l'assureur se réserve, par hypothèse, le droit de refuser ultérieurement la proposition, la garantie immédiate a un caractère provisoire et précaire. Pour cette raison, elle est limitée dans le temps.

Elle se prolongera par la garantie liée à l'accord définitif si celui-ci intervient. Elle cessera si l'assureur refuse la proposition, mais pour l'avenir seulement. Le refus n'anéantit pas rétroactivement la garantie immédiate.

Observation : Il peut arriver que la formation du contrat soit contemporaine de la proposition d'assurance. Une note de couverture délivrée à ce moment aurait une fonction différente. Elle serait un écrit constatant l'accord définitif dans l'attente de la rédaction de la police.

3. La rédaction de la police d'assurance

La police constate l'accord des parties et son contenu. En outre, elle comporte l'indication de règles et de prescriptions, assorties de sanctions, qui régiront la relation établie.

Aussi la police a-t-elle une nature mixte : instrument de preuve entre les parties, elle est aussi une sorte de traduction singulière, à l'intention d'un assuré déterminé, du règlement intérieur de la mutualité.

a) Règles de rédaction

La police doit être rédigée en français et en caractères apparents, c'est-à-dire facilement lisibles. Il a été jugé qu'une clause d'exclusion rédigée en langue étrangère est inopposable à l'assuré.

En outre, certaines mentions doivent être en caractères très apparents, c'est-à-dire qui se détachent du contexte et peuvent être vus d'un seul coup d'œil. La sanction d'une irrégularité sur ce point consiste en une inopposabilité à l'assuré qui équivaut à une nullité de la clause. Cette exigence peut être une arme de mauvais aloi entre les mains de juridictions souhaitant anéantir une clause d'exclusion qu'ils estiment inopportune. Le risque est d'autant plus grand que l'appréciation de l'apparence renforcée relève du pouvoir souverain des juges du fond.

La loi n'a pas fixé spécialement le nombre d'exemplaires de la police. Mais il doit en être fait autant qu'il y a de parties. L'usage est aussi d'établir un exemplaire à l'intention de l'intermédiaire lorsqu'il existe.

b) Structure de la police

Une police d'assurance comporte le plus souvent trois types de clauses.

1) Conditions générales

Elles sont imprimées d'avance et n'appellent aucune mention complémentaire qui viendrait s'ajouter au texte préétabli à l'initiative du seul assureur. À l'origine, elles permettaient d'obtenir une uniformisation des contrats à l'égard des assurés de l'entreprise d'assurances pour un même risque. Actuellement, elles ne comportent, le plus souvent, que les règles de fonctionnement du contrat, car elles ont été concurrencées par les conventions spéciales.

2) Conventions spéciales

Elles remplissent divers rôles. Mais, avec le développement des polices multirisques, elles tendent surtout à uniformiser les garanties pour chacun des risques assurés, ce que faisaient autrefois les conditions générales des polices « monorisque ». De sorte que, comme ces dernières, elles sont préimprimées.

3) Conditions particulières

Elles permettent l'adaptation du contrat à chaque assuré, et comportent des rubriques imprimées qui seront remplies. Elles suivent d'assez près les mentions contenues dans la proposition d'assurance et sur lesquelles l'accord s'est fait.

Elles permettent également d'apporter des dérogations aux clauses des conditions générales et des conventions spéciales.

Observation : Il ne faut pas attacher un caractère trop absolu à cette classification. La présentation formelle de la police relève de la pratique de chaque compagnie d'assurances, sans compter celle des courtiers, de sorte que des conditions dites « particulières » s'apparentent parfois aux conventions spéciales.

c) Contenu de la police

Certaines mentions sont obligatoires (cf. art. L. 112-4, L. 113-12 et s., R. 112-1, C. assur.).

Parmi les principales, on citera :
- nom et domicile des parties contractantes ;
- date de la souscription ;

– durée du contrat (caractères très apparents) ;
– chose ou personne assurée ;
– risques garantis (les exclusions doivent être en caractères très apparents) ;
– montant de la somme garantie et de la prime ;
– nullités et déchéances de garantie (caractères très apparents) ;
– différentes obligations de l'assuré (lors de la souscription, à la suite d'un sinistre, etc.) ;
– délai dans lequel les indemnités sont payées.

d) Preuve

Il incombe à l'assureur de rapporter la preuve qu'un exemplaire des conditions générales, afférent aux garanties souscrites, a été remis à l'assuré.

B. Extinction du contrat

Rien n'interdit aux parties de s'entendre pour mettre fin au contrat à quelque moment et pour quelque cause que ce soit. Mais la résiliation par accord mutuel est rare, car, en fait, c'est surtout le souscripteur qui y aurait un intérêt, et il est rare que celui de l'assureur, à ce moment précis, le pousse à accepter (lorsqu'elle intervient, elle a un caractère consensuel, et ne dépend pas de la rédaction d'un avenant). Il est vrai que les modifications intervenues en législation, au sujet de la résiliation à certaines époques (cf. *infra*), ont diminué, pour l'assuré soumis au droit commun, l'intérêt d'une résiliation par consentement mutuel.

En revanche, la volonté unilatérale est limitée.

La loi a prévu des cas d'extinction et donné des indications, parfois incomplètes, sur le régime applicable à celle-ci.

1. Les cas d'extinction

a) Extinction par l'effet de la loi

En présence de certains événements qui rendent pratiquement impossible la continuation du contrat, la loi ordonne son extinction. Aucun acte de volonté n'est nécessaire.

- Perte totale de la chose assurée (art. L. 121- 9, C. assur.)
- Retrait de l'agrément de l'entreprise d'assurances (art. L. 326-12, C. assur.)

Tous les contrats souscrits par cette entreprise cessent de plein droit d'avoir effet, le 40e jour, à midi, à compter de la publication au JO de l'arrêté prononçant le retrait. Dans les 30 jours suivant cette publication, chaque souscripteur de contrat doit être avisé, par lettre recommandée, adressée par le liquidateur de l'entreprise.

Le même régime est applicable en cas de liquidation judiciaire de l'entreprise.

- Réquisition de la propriété du bien assuré (art. L. 160-6, C. assur.)

Toutefois, le souscripteur a le droit de demander à l'assureur que la suspension du contrat soit substituée à la résiliation.

- Survenance du terme de 6 mois après l'aliénation d'un véhicule terrestre à moteur ou d'une embarcation de plaisance sans que le contrat, suspendu par celle-ci, ait été remis en vigueur ou résilié volontairement.

b) Extinction par l'action de la volonté unilatérale

1) Manifestation de la volonté à certaines époques

- **Contrat à durée déterminée**

Théoriquement à l'arrivée du terme convenu, le contrat devrait s'éteindre automatiquement. Ce sera le cas si le contrat n'offre qu'un intérêt limité dans le temps. En revanche, si la relation doit être durable, il est généralement stipulé, par avance, une clause de tacite reconduction. Mais la durée de chaque reconduction ne peut être supérieure à une année quelle qu'ait été la durée initiale. La jurisprudence décide que la tacite reconduction n'entraîne pas prorogation du contrat primitif, mais donne naissance à un nouveau contrat. L'une des conséquences est que des dispositions légales ou réglementaires, entrées en vigueur avant une reconduction, seront applicables au contrat reconduit.

La volonté unilatérale de chacune des parties peut faire obstacle à la reconduction par une dénonciation du contrat.

Une loi du 28 janvier 2005 organise une information de l'assuré, du moins lorsqu'il s'agit de contrats couvrant les personnes physiques en dehors de leurs activités professionnelles. La date limite d'exercice du droit à dénonciation du contrat doit être rappelée avec chaque avis d'échéance annuelle de primes. Lorsque l'avis est adressé moins de 15 jours avant cette date, ou lorsqu'il est adressé après celle-ci, l'assuré dispose d'un délai de 20 jours suivant la date de l'envoi de l'avis pour dénoncer la reconduction du contrat. Lorsque l'information ne lui a pas été adressée, l'assuré peut mettre un terme au contrat à tout moment à compter de la date de reconduction en envoyant une lettre recommandée à l'assureur.

- **Contrat à durée indéterminée**

En fait, la durée n'est pas stipulée en ces termes. L'hypothèse correspond au contrat fait pour la durée de la société d'assurances.

La législation, par une évolution remarquable, a constamment rapproché les époques auxquelles la volonté unilatérale peut, sans motif, et par une simple déclaration, mettre fin au contrat. La dernière réforme a été le fait de la loi du 31 décembre 1989. Il existe désormais deux régimes (dont aucun ne s'applique aux assurances sur la vie, pour lesquelles il suffit au souscripteur de cesser de payer la prime – sous réserve de ce qui a trait aux « assurances mixtes », cf. *infra* p. 75).

Selon le régime de droit commun (art. L. 113-12, al. 2), chacune des parties a la faculté de résilier le contrat à chaque échéance annuelle, et ce dès la fin de la première année. En dehors des cas où la loi autorise expressément une dérogation, cette disposition est d'ordre public.

Peuvent donner lieu à des stipulations contraires, destinées à éloigner les époques où la résiliation est permise, les contrats individuels d'assurance maladie et les contrats autres que ceux des particuliers (cette dernière catégorie est un peu plus large que celle de « risques professionnels », car les risques des collectivités publiques ne sont pas des risques de particuliers, sans pour autant être, à proprement parler, des risques professionnels).

- **Combinaison des règles afférentes aux deux sortes de contrats**

La faculté de résilier aux époques prévues par la loi avait traditionnellement un caractère d'ordre public lié à l'idée de protection de la liberté contre des engagements trop longs. Il en résultait son application aux contrats dont la durée déterminée initiale était supérieure à l'intervalle entre deux époques légales.

Désormais, pour les situations durables qui ne peuvent donner lieu à dérogation conventionnelle, le contrat à durée déterminée n'offre pratiquement plus d'intérêt, sauf toutefois, lorsqu'il existe une clause de tacite reconduction, car il apporte à l'assuré la protection indiquée plus haut (cf. *supra*, p. 63).

Pour les situations autorisant une dérogation, il est préférable, semble-t-il, de faire le contrat pour une durée indéterminée avec stipulation de la périodicité des résiliations.

2) Manifestation de la volonté en certaines occasions

- **Facultés ouvertes à l'assureur :**

– à l'occasion de la découverte, lorsque l'assuré est de bonne foi, d'une inexactitude de la déclaration initiale du risque ou de l'omission de déclaration d'une circonstance aggravante en cours de contrat ;
– à l'occasion de la déclaration régulière d'une aggravation du risque ;
– à la suite du défaut de paiement de la prime ;
– après un sinistre (sous réserves des conditions restrictives prévues à l'article A. 211-1-2 pour l'assurance de responsabilité automobile).

- **Facultés ouvertes à l'assuré :**

– en cas de diminution du risque pendant le contrat, si l'assureur ne consent pas une réduction de la prime ;
– en riposte à une résiliation de l'assureur après sinistre, l'assuré pouvant alors résilier ses autres contrats ;
– en cas de transfert du portefeuille de l'entreprise d'assurances à une autre entreprise.

- **Facultés ouvertes aux deux parties :**

Elles procèdent de l'idée que la survenance de certains événements est de nature à altérer la relation d'assurance, sans que le législateur soit allé jusqu'à ordonner l'extinction de plein droit du contrat, lequel continue à la suite de l'événement considéré, sous réserve, par conséquent, de la faculté pour chacune des parties d'y mettre fin.

Les événements sont :
– en matière d'assurances de dommages, l'aliénation de la chose assurée ou le décès de l'assuré propriétaire de la chose, dans ce dernier cas la faculté appartenant aux héritiers, avec lesquels le contrat a commencé par se poursuivre ;
– diverses circonstances affectant l'assuré dans sa vie personnelle ou professionnelle (changement de domicile, de situation matrimoniale, de régime matrimonial, de profession, retraite professionnelle ou cessation définitive d'activité professionnelle), à la condition que le contrat ait pour objet la garantie de risques en relation directe avec la situation antérieure et qui ne se retrouvent pas dans la situation nouvelle.

Observation : Une loi du 26 juillet 2005 a abrogé, à compter du 1er janvier 2006, le premier alinéa de l'article L. 113-6 du Code des assurances, lequel permettait à l'assureur aussi bien qu'à l'assuré (assisté ou représenté) de résilier le contrat, en cas de redressement ou de liquidation judiciaires de celui-ci. Dès lors, le contrat d'assurance est soumis au droit commun de la continuation des contrats en cours.

2. LE RÉGIME DE L'EXTINCTION

a) Respect d'un délai de forclusion

Cette exigence se rencontre dans certains cas de résiliations consécutives à un événement déterminé. Celui-ci fait courir le délai, et pour être recevable la résiliation doit intervenir avant son expiration.
– Riposte de l'assuré à une résiliation après sinistre : 1 mois à compter de la notification de la résiliation par l'assureur.
– Transfert du portefeuille de l'entreprise d'assurances : 1 mois à compter de la publication de l'avis de transfert au JO.
– Aliénation de la chose assurée ou décès de l'assuré (résiliation par l'assureur) : 3 mois à compter de la demande de transfert de la police au nom du nouvel assuré.
– Circonstances personnelles ou professionnelles affectant l'assuré : 3 mois à compter de l'événement.

b) Respect d'un délai de préavis

1) Résiliation à l'échéance

Dans le régime de droit commun où la résiliation est annuelle, le délai de préavis est de 2 mois.

Cela signifie que la lettre de résiliation doit être expédiée avant que le délai commence à courir, le point de départ de celui-ci se déterminant en remontant dans le temps à partir de la date de l'échéance. Le cachet de la poste fait foi de la date de l'envoi.

Le non-respect du délai a pour sanction la nullité de la résiliation. Le contrat continue de courir. Toutefois, la résiliation irrégulière pourrait être analysée comme une offre de résiliation mutuelle, mais, dans ce cas, l'acceptation de l'autre partie devrait être expresse.

La loi du 31 décembre 1989 est muette sur le point de savoir si, dans le régime dérogatoire, les parties peuvent fixer librement la durée du délai de préavis.

La dénonciation de la tacite reconduction a toujours été soumise à la liberté contractuelle.

2) Résiliation pour une cause déterminée

Le délai de préavis court à compter de l'acte de résiliation et a pour effet de différer le moment de l'extinction effective.

Les délais ne sont pas uniformes. En outre, il arrive que la loi soit muette alors qu'un délai s'imposerait, d'où la nécessité de procéder à des applications par analogie lorsque c'est possible (ce qui n'est pas toujours le cas).
– 10 jours : déclaration inexacte du risque; déclaration d'une aggravation du risque; absence de déclaration d'une aggravation du risque dans le délai (par analogie); aliénation de la chose assurée (autre qu'un véhicule terrestre à moteur ou une embarcation de plaisance) ou décès de l'assuré (par analogie); aliénation d'un véhicule terrestre à moteur ou d'une embarcation de plaisance.
– 1 mois : résiliation de l'assureur après sinistre; riposte de l'assuré à cette résiliation; circonstances personnelles ou professionnelles atteignant l'assuré; résiliation par l'assuré en cas de diminution du risque si l'assureur ne diminue pas la prime.

c) Respect des formes

Selon la jurisprudence, le respect des formes est une condition de validité de la résiliation, mais, comme pour le respect du délai de préavis (cf. *supra*), une résiliation irrégulière en tant que résiliation unilatérale peut être disqualifiée en offre de résiliation mutuelle.

Les formes sont différentes selon qu'il s'agit de la résiliation par l'assureur ou de la résiliation par l'assuré. En toute hypothèse, la loi du 31 décembre 1989 a ajouté, sans raison valable, à la diversité qui existait déjà.

1) Résiliation par l'assuré

L'assuré est toujours tenu de respecter une forme. Lorsqu'il s'agit de la faculté légale de résiliation annuelle, il n'a pas le choix et doit faire usage de la lettre recommandée (art. L. 113-12, al. 2, C. assur.). Dans tous les autres cas, il a le choix entre la lettre recommandée, la déclaration faite contre récépissé au siège social ou chez le représentant de la compagnie et l'acte extrajudiciaire (art. L. 113-14, C. assur.).

2) Résiliation par l'assureur

Lorsqu'il s'agit de la faculté légale de résiliation annuelle, il doit faire usage de la lettre recommandée (art. L. 113-12, al. 2, C. assur.). Il en va de même dans quelques autres cas, en dehors desquels la loi ne lui impose aucune forme.

d) Restitution d'une fraction de la prime

Lorsque la résiliation est motivée par une cause déterminée, ou lorsque le contrat s'éteint par l'effet de la loi, il est très rare que l'extinction coïncide avec une échéance annuelle.

Par conséquent, l'assuré a versé, d'avance, à l'échéance précédente, et pour une période d'assurance entière, une prime dont une fraction n'a plus de cause entre les mains de l'assureur à partir de l'extinction. Aussi, en vertu du principe de la divisibilité (dans le temps) de la prime, l'assureur est tenu de restituer un prorata correspondant à la période postérieure à l'extinction.

Exception : lorsque le contrat s'éteint par la perte totale de la chose assurée en raison de la survenance du risque garanti (art. L. 121-9, C. assur.), et, en ce qui concerne l'assurance sur la vie en cas de décès, lorsqu'il s'éteint par le décès de l'assuré.

Observation : La loi du 31 décembre 1989 a supprimé la faculté qu'avait l'assureur de stipuler, dans certains cas, une indemnité de résiliation à la charge de l'assuré. Toutefois, une incertitude subsiste au sujet de l'indemnité de résiliation consécutive à un défaut de paiement de la prime. Celle-ci n'étant pas fondée sur un texte, la loi précitée ne s'y est pas intéressée.

§2 - L'objet du contrat

Généralités

Il s'agit du risque assuré envisagé ici d'un point de vue concret, c'est-à-dire tel qu'il est rentré dans la mutualité. Quant au mécanisme qui permet l'intégration, c'est la garantie, dont on peut considérer qu'elle constitue la cause objective du contrat.

Avant l'assurance, le risque se présente à l'état brut : il s'agit d'un événement déterminé avec toutes les circonstances de sa survenance et toutes ses conséquences possibles.

Encore importe-t-il qu'il ne soit pas déjà réalisé, ou du moins que le candidat à l'assurance ne le sache pas, sinon ferait défaut l'aléa qui est une condition de validité de l'assurance. La Cour de cassation abandonne au pouvoir souverain des juges du fond l'appréciation de l'aléa, une éventuelle nullité résultant de son absence étant relative et ne pouvant être invoquée que par l'assureur.

Pour devenir un risque assuré, il va faire l'objet d'une configuration. Le contrat d'assurance indiquera les circonstances et les conséquences sélectionnées pour déclencher le jeu de l'assurance, si l'événement vient à se produire. *A contrario*, celles qui n'ont pas été sélectionnées resteront en dehors de la mutualité, laquelle sera indifférente à leur éventuelle réalisation.

Les parties au contrat délimitent elles-mêmes le risque assuré. Mais, si tel est le principe, elles sont parfois soumises à des contraintes légales.

A. Délimitation conventionnelle du risque assuré

1. Définition de la garantie de principe

a) Règle générale

Toute police d'assurance contient une rubrique, habituellement intitulée « objet du contrat » ou « objet de l'assurance ».

Celle-ci comporte, en termes généraux, une définition du risque assuré qui permet, à la simple lecture, d'avoir une première idée de ce que l'assurance garantit.

Dès cet endroit, la clause peut indiquer certaines restrictions permettant, sans rentrer déjà dans les détails, de mieux caractériser le risque assuré.

b) Règle particulière aux assurances de dommages

Cette règle est posée par l'article L. 113-1 du Code des assurances : les pertes et les dommages occasionnés par des cas fortuits ou causés par la faute de l'assuré sont à la charge de l'assureur. Une fois défini l'événement assuré par la police, la garantie de principe s'accompagne d'une série de présomptions légales : toutes les circonstances de l'événement sont présumées assurées; il en va de même pour les conséquences de celui-ci, et s'agissant d'elles, les dommages sont présumés garantis pour un montant illimité.

La loi laisse aux parties le soin, si elles le veulent, d'écarter la présomption sur certains points au moyen d'exclusions.

2. Les exclusions

En même temps qu'elles atténuent la portée de l'article L. 113-1, elles permettent d'affiner la configuration du risque assuré. Mais, en dépit des termes de cet article, la Cour de cassation refuse d'assimiler les plafonds de garantie à des exclusions (de nature quantitative) et de leur appliquer les conditions de validité de ces dernières.

a) Exclusions stipulées

1) Présentation

- Tantôt l'exclusion est formulée en style direct et se suffit à elle-même, d'où son nom d'exclusion directe.
- Tantôt l'exclusion se présente comme le résultat d'un raisonnement déductif. En présence d'une clause qui définit la garantie en y intégrant certains types de circonstances

ou de conséquences, on peut déduire que ne sont pas assurées les circonstances et conséquences non envisagées, d'où le nom d'exclusion indirecte. En pratique, il n'est pas toujours facile de distinguer une exclusion indirecte, de l'absence d'une condition de la garantie. Pourtant, la distinction est nécessaire car les règles applicables sont différentes. En particulier, les conditions de validité des exclusions ne s'appliquent pas aux conditions de la garantie, non plus que les règles sur la charge de la preuve. La Cour de cassation a précisé que la clause qui prive l'assuré du bénéfice de la garantie en considération des circonstances particulières de réalisation du risque s'analyse en une clause d'exclusion de garantie. Dans le même ordre d'idées, la jurisprudence s'attache à différencier les clauses d'exclusions de celles qui déterminent l'étendue de la garantie. Un sinistre peut rester en dehors de celle-ci, sans que, pour autant, il faille voir dans cette circonstance une exclusion de garantie.

2) Conditions de validité

Pour pouvoir être invoquée valablement par l'assureur à la suite d'un sinistre, une exclusion doit remplir certaines conditions (cf. art. L. 113-1, C. assur.), faute de quoi, elle serait inopérante. En fait, ces conditions concernent beaucoup plus les exclusions directes.

- L'exclusion doit figurer dans la police en caractères très apparents. En revanche, selon la jurisprudence, cette exigence ne s'applique pas aux clauses définissant les conditions et les limitations des garanties contractuelles.

- Elle doit être formelle, c'est-à-dire ne laisser aucun doute sur son caractère d'exclusion. En fait, les tribunaux la mêlent plus ou moins à la condition suivante.

- Elle doit être limitée, afin que l'assuré puisse savoir exactement et précisément les aspects du risque qui ne sont pas assurés, ce qui interdit les exclusions formulées en termes trop généraux. C'est ainsi qu'ont été jugés non conformes à l'exigence légale : l'exclusion des dommages qui sont la conséquence d'un manquement inexcusable aux règles de l'art; l'exclusion, sans autre précision, des dommages résultant d'une faute lourde de l'assuré; l'exclusion des dommages qui sont la conséquence inévitable et prévisible des modalités d'exécution du travail. Il est désormais acquis en jurisprudence qu'une clause d'exclusion de garantie ne peut être formelle et limitée dès lors qu'elle doit être interprétée. Il en résulte qu'aucune interprétation défavorable à l'assuré ne peut intervenir, alors que, si l'interprétation de la clause d'exclusion lui est favorable, il suffit d'en rester là, sans qu'il soit nécessaire de la déclarer nulle sur le fondement de l'article L. 113-1.

Depuis quelques années, la Cour de cassation encourage les juges du fond à utiliser cette condition pour déclarer nulles des exclusions qui, en raison d'une prétendue généralité, enlèveraient tout intérêt au contrat, ce qui confère à ces juges un pouvoir de révision contestable dans certains cas. Encore convient-il, à ce dernier propos, de remarquer que la Cour de cassation elle-même a modéré sensiblement la mise en œuvre du contrôle à propos de l'assurance de la responsabilité pour les produits livrés.

En dépit du caractère protecteur de cette condition, la Cour de cassation décide que le moyen tiré de son non-respect n'est pas de pur droit et qu'il ne peut être soulevé pour la première fois devant elle.

3) Opposabilité

En ce qui concerne l'assuré, une clause d'exclusion de garantie, pour lui être opposable, doit avoir été portée à sa connaissance au moment de la souscription du contrat ou tout au moins antérieurement à la réalisation du sinistre (plus récemment, cette exigence a été étendue aux clauses fixant une condition de la garantie ou une limitation de celle-ci, bien qu'il ne s'agisse pas d'exclusions à proprement parler).

Quant au tiers, logiquement, les exclusions devraient pouvoir leur être opposées comme elles le sont à l'assuré lui-même. C'est effectivement la règle générale.

Toutefois, par application des règles communautaires d'harmonisation des législations, il y est apporté quelques exceptions en matière d'assurance de responsabilité automobile où certaines exclusions ne sont pas opposables aux victimes. L'assureur indemnise la victime et fait un recours contre l'assuré.

b) Exclusions présumées

Comme les exclusions sont, ici, le fruit de dispositions légales interprétatives de la volonté des parties, ces dernières restent libres de les écarter au moyen d'une clause expresse.

1) Le vice propre de la chose assurée

L'assureur n'est pas garant des déchets, diminutions et pertes subies par la chose assurée et qui proviennent de son vice propre.

Ce que vise l'article L. 121-7 du Code des assurances, ce sont les vices anormaux, accidentels (les vices normaux, naturels, échappant, de toutes les manières, à l'assurance en raison de l'absence d'aléa).

2) Certains actes de violence collective dans les assurances de dommages

- L'assureur ne répond pas, sauf convention contraire, des pertes et dommages occasionnés, soit par la guerre étrangère, soit par la guerre civile, soit par des émeutes ou par des mouvements populaires (art. L. 121-8, C. assur.). À propos de la guerre civile, la jurisprudence ne se contente pas de la constatation de celle-ci au lieu et au moment du sinistre. L'assureur doit faire la preuve de circonstances particulières établissant la relation de cause à effet entre la guerre et le sinistre.
- Les actes de terrorisme ne figurant pas dans la liste des exclusions présumées, il appartenait à l'assureur qui voulait les exclure de le stipuler expressément, du moins avant que le législateur n'intervienne pour imposer des contraintes légales à leur sujet.

B. Contraintes légales

1. Obligations de garantir

Il ne s'agit pas ici de l'existence même de certaines assurances obligatoires, mais du contenu de la garantie, ce qui peut d'ailleurs concerner certaines assurances dont la souscription est facultative.

a) Dans les assurances obligatoires

Le mécanisme contraignant joue de la manière suivante. L'obligation d'assurance se propage à la garantie de principe que délimite le domaine d'application de la loi.

Aussi doivent être garanties toutes les circonstances et conséquences de l'événement survenu qui ne font pas l'objet d'une exclusion permise par les textes spécifiques de l'assurance concernée.

b) Dans les assurances facultatives

Le caractère facultatif de l'assurance a pour corollaire la liberté contractuelle quant à la délimitation du risque assuré. Par conséquent, la contrainte ne peut résulter que d'une disposition légale visant tel aspect précis du risque sous la forme d'une obligation de garantir.

1) Obligations spécifiques

• **Tempête** : les contrats d'assurance garantissant les dommages d'incendie ou tous autres dommages à des biens situés en France, ainsi que les dommages aux corps de véhicules terrestres à moteur, ouvrent droit à la garantie de l'assuré contre les effets du vent dû aux tempêtes, ouragans et cyclones, sur les biens faisant l'objet de tels contrats (art. L. 122-7, C. assur.). Il est arrivé à la Cour de cassation de faire montre d'hésitation. Après avoir toléré certaines exclusions auxquelles les assureurs étaient attachés, ainsi que des plafonds d'indemnisation qui ne figuraient pas dans le contrat principal, elle est revenue à une plus saine appréciation du caractère impératif de la garantie, et elle interdit désormais toute restriction de celle-ci.

• **Terrorisme** : les contrats d'assurance garantissant les dommages d'incendie à des biens situés sur le territoire national ainsi que les dommages aux corps de véhicules terrestres à moteur ouvrent droit à la garantie de l'assuré pour les dommages matériels directs causés aux biens assurés par un attentat ou un acte de terrorisme tels que défini par les articles 421-1 et 421-2 du Code pénal subis sur le territoire national (art. L. 126-2, C. assur.).

2) Obligation générale

L'assureur de responsabilité est obligé de garantir l'assuré lorsque sa responsabilité est engagée par le fait de l'une des personnes visées à l'article 1384 du Code civil (art. L. 121-2, C. assur.). L'assuré bénéficie de la garantie même en cas de faute intentionnelle de l'auteur du dommage.

Cette disposition ne joue qu'au profit de l'assuré et n'a pas pour effet d'étendre la garantie à la responsabilité personnelle des personnes visées par le texte (celle-ci nécessiterait une assurance pour compte expressément stipulée).

Le contrat d'assurance ne peut pas limiter voire supprimer des personnes dont l'assureur est garant. De ce point de vue, l'article L. 121-2 est d'ordre public.

La charge de l'assureur n'est étendue qu'en ce qui concerne les personnes dont il est garant envers l'assuré. Pour le reste, la configuration du risque assuré n'est pas modifiée. Selon la Cour de cassation, les parties restent libres de convenir du champ d'application du contrat et de déterminer l'étendue des garanties.

Elle ajoute, cependant, que l'assureur ne peut opposer à l'assuré, pour lui refuser sa garantie, des distinctions fondées sur la nature ou la gravité de la faute de la personne dont il doit répondre, ce qui, en fait, permet de limiter la portée de la règle qui précède. Application en est faite, lorsque le contrat ne garantit que les dommages accidentels. Cette condition de la garantie ne peut être opposée à l'assuré déclaré civilement responsable de l'auteur d'un fait intentionnel. La Cour de cassation a également écarté, lorsqu'elles s'appliqueraient à une personne dont l'assuré est civilement responsable, l'exclusion de la rixe ainsi que l'exclusion des malversations et détournements commis par des préposés de l'assuré.

L'article L. 121-2 ne s'applique pas aux assurances de choses. Il est limité aux seules assurances de responsabilité.

2. INTERDICTION DE GARANTIR

a) Le fait intentionnel en général

L'assureur ne répond pas des pertes et dommages provenant d'une faute intentionnelle ou dolosive de l'assuré (art. L. 113-1, C. assur.). La Cour de cassation a précisé que le fait intentionnel supprime l'aléa qui constitue l'essence du contrat et que la sanction d'une telle faute est non une déchéance qui frapperait son seul auteur, mais une absence d'assurance à l'égard de tous.

Lorsque le contrat d'assurance est souscrit au nom d'une personne morale, la faute intentionnelle s'apprécie en la personne du dirigeant de droit ou de fait de celle-ci.

La faute dolosive est entendue, par la jurisprudence, dans le même sens que la faute intentionnelle, lequel est très restrictif.

Le fait intentionnel implique la volonté de causer le dommage et pas seulement la volonté de créer une situation rendant plus probable la survenance de l'événement faisant l'objet de l'assurance.

En outre, ne tombent pas sous le coup de l'interdiction légale, les conséquences d'un acte volontaire qui se réalisent fortuitement, parce qu'étrangères aux prévisions de l'auteur de l'acte.

Ce qui précède correspond à la jurisprudence traditionnelle de la 1re chambre civile de la Cour de cassation, la chambre criminelle ayant, pour sa part, tendance à assimiler l'acte intentionnel à l'acte volontaire, au sens pénal, en matière d'atteintes à la personne, lequel est plus large. À noter que l'assurance est désormais de la compétence de la 2e chambre civile.

Quoi qu'il en soit, il y a quelques années, la Cour de cassation a décidé que l'appréciation par les juges du fond du caractère intentionnel d'une faute, au sens de l'article L. 113-1, al. 2 du Code des assurances, est souveraine et échappe à son contrôle. Cependant, elle veille à ce que les juges du fond motivent suffisamment leurs décisions retenant la faute intentionnelle, s'ils ne veulent pas s'exposer à une censure pour défaut de base légale. À cette occasion d'ailleurs, la Cour de cassation rappelle les critères traditionnels exposés plus haut.

b) Le cas du suicide

Le cas du suicide de l'assuré, dans l'assurance sur la vie en cas de décès, a fait l'objet de plusieurs réformes, la dernière datant du 3 décembre 2001. Désormais, au cours de la première année, la garantie du suicide est interdite en toute hypothèse, qu'il soit conscient ou inconscient. La charge de la preuve pèse sur l'assureur.

Au-delà de la première année, la garantie du suicide est obligatoire (toutefois, en cas d'augmentation des garanties en cours de contrat, pour celle-ci, il y aura un délai de carence d'un an).

À côté de ces dispositions générales, il est institué un régime particulier à ce que l'on appelle « l'assurance-emprunteur ». Le suicide est obligatoirement garanti dès la souscription, dans la limite d'un plafond défini par décret (28 mars 2002 : le plafond ne peut être inférieur à 120 000 €), et à condition que le prêt ait été contracté pour financer l'acquisition du logement principal de l'assuré. Il convient de préciser que ce régime n'a été prévu que pour les contrats de groupe souscrits par les organismes prêteurs.

Observation : Le cas de l'assurance contre les accidents corporels est différent. L'absence de caractère volontaire du décès est un élément de la qualification de l'accident. Le suicide est donc exclusif de la garantie en toute hypothèse, même au-delà d'un an. Au surplus, il appartient au bénéficiaire de faire la preuve du caractère accidentel, ce qui revient, ici, à devoir prouver l'absence de suicide, lorsque l'assureur allègue celui-ci.

c) Garantie contraire à l'ordre public

La Cour de cassation a décidé que l'assurance garantissant l'exercice illégal d'activités professionnelles est nulle comme contraire à l'ordre public.

> Section 2

Le déroulement du contrat

Généralités

Le contrat qui se déroule, c'est d'abord et avant tout la présence invisible mais réelle de la garantie. Elle ne se concrétisera qu'en cas de sinistre.

Dans sa partie visible, le déroulement du contrat comprend tout ce qui entretient la garantie afin qu'elle puisse servir si le sinistre se produit.

L'entretien de la garantie fait intervenir deux ordres de facteurs : le paiement de la prime et l'adaptation du contrat aux modifications de la situation initiale.

§1 - Le paiement de la prime

A. Droit commun

1. L'obligation de payer la prime

a) Exigibilité du paiement

• Le paiement est exigible par l'assureur, mais il peut être fait valablement à un mandataire habilité à le recevoir et à délivrer quittance (rôle accessoire de la théorie du mandat apparent).

• Le paiement est exigible du souscripteur et non de l'assuré lorsqu'il ne s'agit pas de la même personne. Par conséquent, c'est à l'encontre du premier que l'assureur devra diriger le processus de sanction en cas de défaut de paiement.

Cependant, toute personne ayant un intérêt à la préservation de la garantie peut se substituer au souscripteur.

• Le paiement est exigible d'avance, c'est-à-dire au début de la période d'assurance à laquelle correspond la prime.

Cependant, il est des cas où le montant de la prime dépend de facteurs qui évoluent au cours du contrat et peuvent varier entre le début et la fin de la période d'assurance (ex. : le chiffre d'affaires d'une entreprise industrielle). Dans ce cas, l'assuré verse une provision en début de période, et le solde en fin de période, après calcul de la prime définitive sur la foi de ses déclarations à l'assureur. À leur sujet, l'assuré est soumis aux obligations de l'article L. 113-10 du Code des assurances.

• Le paiement est exigible à l'échéance, dont la date est librement fixée par les parties. La période d'assurance étant en général l'année, l'échéance est elle-même annuelle.

Cependant, le paiement peut être fractionné par trimestres ou semestres. On obtient ainsi, entre deux échéances annuelles, des échéances intermédiaires. La portée de celles-ci se limite au fractionnement du paiement. Les autres effets attachés à l'échéance le restent à l'échéance annuelle.

b) Exécution du paiement

1) Modes de paiement

• Tous les modes de paiement peuvent être utilisés.

• Le paiement par compensation intervient lorsque l'assuré est lui-même créancier de l'assureur, le plus souvent à la suite d'un sinistre. La créance de l'assuré doit être certaine, liquide et exigible.

• Des difficultés sont apparues en pratique à propos du chèque bancaire. Contrairement au droit cambiaire, la jurisprudence décide que c'est la remise du chèque par l'assuré, et non son encaissement par l'assureur, qui vaut paiement, sous réserve toutefois que ledit chèque soit provisionné. Quant à savoir ce qu'il faut entendre par remise, en dehors de la remise manuelle, il s'agit de l'envoi et non de la réception par l'assureur. À ce propos, en l'absence de toute preuve, une jurisprudence, désormais très ferme de la Cour de cassation, décide qu'il faut retenir la date portée sur le chèque par l'assuré, dès lors que celui-ci a été encaissé par l'assureur, à moins que ce dernier ne prouve qu'en réalité, il a été adressé plus tard et en tout cas postérieurement à la date du sinistre dont la garantie est litigieuse.

2) Lieu du paiement

• La prime est portable, c'est-à-dire payable au domicile de l'assureur ou de son mandataire (art. L. 113-3, al. 1er, C. assur.). Concrètement, cela dispense l'assureur d'envoyer un encaisseur au domicile de l'assuré.

• Pour permettre à l'assuré d'exécuter son obligation, l'assureur est tenu de lui envoyer un avis d'échéance rappelant la date de celle-ci et le montant de la prime.

Toutefois, l'absence d'avis d'échéance ne constitue pas une justification du défaut de paiement, et ne fait pas obstacle à la mise en œuvre des sanctions prévues à cette occasion. Mais, en cas d'augmentation de la prime, l'assuré paierait valablement en se référant au montant de la dernière échéance, quitte à devoir un solde par la suite.

2. Le défaut de paiement

Même si dès le jour de l'échéance (annuelle ou intermédiaire) le défaut de paiement est consommé, l'assureur ne peut rien entreprendre contre l'assuré tant qu'il ne s'est pas écoulé un délai de 10 jours à compter de ladite échéance. Outre un éventuel recouvrement forcé qui n'appelle pas de développements particuliers, le défaut de paiement peut avoir des incidences sur l'existence de la garantie et sur celle du contrat (art. L. 113-3, C. assur.).

a) Incidences sur l'existence de la garantie

1) Suspension de la garantie

- **Conditions de la suspension**

L'assureur doit commencer par adresser, au dernier domicile de l'assuré, connu de lui, une mise en demeure au moyen d'une lettre recommandée (la demande d'avis de réception n'est pas exigée). La régularité de la mise en demeure envoyée par l'assureur n'est pas mise en cause par le fait qu'elle n'a pas atteint son destinataire en raison d'une négligence de La Poste. Mais cette dernière engage sa responsabilité envers l'assuré.

La jurisprudence veille scrupuleusement à ce que l'assureur fasse la preuve irréfutable, grâce à une authentification postale, de l'envoi de la mise en demeure à la date où il prétend l'avoir expédiée. Toutefois, la preuve de l'envoi est rapportée dès lors que, si l'agent des postes n'a pas visé chaque numéro de recommandation, compte tenu de l'envoi en nombre effectué par la compagnie, il a visé en fin de bordereau la totalité des envois.

La mise en demeure ne doit plus comporter certaines mentions comme c'était le cas avant un décret du 22 décembre 1992.

Il n'est pas nécessaire que la signature de l'assureur soit manuscrite.

La mise en demeure ayant été adressée, la garantie sera suspendue automatiquement à l'expiration d'un délai de 30 jours à compter de son envoi, si entre-temps la prime n'a pas été payée.

Observation : De même que le délai prévu pour la résiliation (cf. *infra*), celui prévu pour la suspension se compute en faisant application des articles 640 et s. du nouveau Code de procédure civile. En particulier, lorsque le délai se termine un samedi, un dimanche ou un jour férié ou chômé, il est prorogé jusqu'au premier jour ouvrable suivant.

- **Effets de la suspension**

Seule la garantie est suspendue ; pour le reste, le contrat continue de produire ses effets : en particulier, l'assuré reste débiteur de la prime qui court pendant la suspension.

Si un sinistre survient pendant la suspension il n'est pas garanti.

La suspension est opposable à tous, même à la victime dans les assurances de responsabilité.

2) Remise en vigueur de la garantie

La condition commune aux deux événements susceptibles de remettre la garantie en vigueur est que le contrat n'ait pas déjà été résilié (cf. *infra*).

- **Paiement de la prime arriérée**

La garantie reprend effet le lendemain, à midi, du jour du paiement, sauf en assurance contre la mortalité des animaux où la police peut stipuler qu'elle reprendra effet au plus tard le dixième jour à midi.

Le paiement doit être intégral en ce sens qu'un acompte ne suffirait pas.

Par prime arriérée, il faut entendre non seulement la prime qui a fait l'objet de la mise en demeure, mais également, en cas de fractionnement du paiement, les primes venues à échéance intermédiaire depuis celle-ci. Nul besoin que ces dernières aient donné lieu à une mise en demeure.

À la prime proprement dite, s'ajoutent les intérêts moratoires légaux que la mise en demeure a fait courir, ainsi, éventuellement, que les frais de poursuites et de recouvrement engagés par l'assureur.

- **Survenance de l'échéance annuelle suivante**

La garantie est remise en vigueur automatiquement le jour de l'échéance à 0 heure. Par hypothèse, la prime arriérée n'a pas été payée, sinon la garantie aurait déjà été remise vigueur. Mais l'assuré reste débiteur de cette prime, et pourrait faire l'objet d'une action en recouvrement forcé.

L'effet de remise en vigueur n'est pas attaché aux échéances intermédiaires.

b) Incidences sur l'existence du contrat

Au plus tôt 10 jours après le début de la suspension, et tout pendant celle-ci, l'assureur a la faculté de résilier le contrat, sans délai de préavis. À défaut de commun accord, le contrat ne peut être résilié que de cette manière. L'absence de paiement prolongé des primes, même non réclamées, ne saurait valoir résiliation, de sorte qu'un sinistre demeurerait garanti.

L'encaissement de la prime après la résiliation peut traduire la volonté de l'assureur de renoncer à se prévaloir de celle-ci. Mais cette volonté ne doit pas être équivoque, et la renonciation de l'assureur doit, sous peine de cassation, être caractérisée par les juges du fond. Il en résulte que l'appréciation doit être portée au cas par cas.

Il semble acquis maintenant en jurisprudence que l'encaissement par l'assureur, après la date de la résiliation, d'une prime venue à échéance avant, ne peut valoir renonciation.

B. Règles particulières aux assurances sur la vie

1. Caractère facultatif du paiement

Cela signifie que l'assureur n'a pas d'action en justice pour exiger le paiement des primes.

Traditionnellement, on justifie la règle par la nécessité de préserver le caractère d'acte de prévoyance de l'assurance sur la vie, qui s'accommoderait mal de la contrainte.

La règle ne concerne que les assurances où est seule en cause la durée de la vie humaine.

Par conséquent, elle ne s'applique pas aux assurances contre les accidents corporels ni aux assurances maladie.

Elle ne s'applique pas non plus à ce que la Cour de cassation appelle les « assurances mixtes », c'est-à-dire des assurances où d'autres risques relatifs à la personne (incapacité temporaire, incapacité permanente, etc.) s'ajoutent à l'assurance vie proprement dite.

2. Incidences de la cessation du paiement

a) Les incidences à l'initiative de l'assureur

Le point de départ est une lettre recommandée qui peut être expédiée par l'assureur, au contractant, 10 jours au plus tôt après l'échéance. Cette lettre informe le contractant des conséquences qu'aura le défaut de paiement à l'expiration d'un délai de 40 jours à compter de son envoi.

À ce moment, le dénouement dépend de l'existence ou non d'une provision mathématique.

Celle-ci est définie par la loi comme étant « la différence entre les valeurs actuelles des engagements respectivement pris par l'assureur et les assurés » (art. R. 331-3, C. assur.). Plus simplement, elle est le produit de l'accumulation des primes (auxquelles s'ajoutent les intérêts composés), entre les mains de l'assureur, qui n'ont pas déjà été consommées par la couverture d'un risque. C'est surtout dans les assurances en cas de vie que la provision mathématique est importante, car, durant le contrat, il n'y a aucun risque en cours susceptible de consommer la prime, et le sinistre est constitué par l'état de vie de l'assuré au terme de celui-ci.

La provision mathématique est la propriété de l'assureur, mais le contractant a sur elle un droit de créance. Aussi la Cour de cassation a-t-elle décidé que nul créancier du souscripteur n'est en droit de se faire attribuer la valeur de rachat tant que le contrat n'est pas dénoué.

Deux éventualités sont à envisager (art. L. 132-20, C. assur.).

1) La résiliation du contrat

Elle intervient automatiquement à l'expiration du délai de 40 jours en cas d'inexistence ou d'insuffisance de la provision mathématique.

Mais, durant le délai de 40 jours, la garantie est maintenue quant aux risques qui courent effectivement comme le risque de décès.

2) La réduction du contrat

Le contrat subsiste, mais ses effets sont réduits quant au montant de la somme assurée.

Celle-ci est obtenue comme si l'on appliquait la valeur de réduction à la souscription d'un nouveau contrat dont elle serait la prime unique.

Les modalités de calcul de la valeur de réduction, à partir de la provision mathématique, sont déterminées par un règlement général mentionné dans la police et établi par l'assureur après accord de l'autorité administrative.

Observation : La loi du 31 décembre 1989 a institué, dans les assurances de groupe, une procédure d'exclusion de l'adhérent qui ne rembourse pas les primes au souscripteur. 10 jours après la date d'exigibilité, celui-ci est en droit de mettre l'adhérent en demeure, et l'exclusion ne pourra intervenir avant l'expiration d'un délai de 40 jours.

b) Les incidences à l'initiative du contractant

Le contractant, qui cesse de payer les primes, peut demander à l'assureur de résilier le contrat et de lui verser immédiatement (avec la précision qu'un délai de 2 mois est laissé à ce dernier) la valeur de rachat du contrat (art. L. 132-21, C. assur.).

Celle-ci est calculée à partir de la provision mathématique, lorsqu'il en existe une, selon la même procédure que la valeur de réduction.

§2 - Les modifications de la situation initiale

Généralités

Il existe deux sortes de modifications de la situation initiale, qui diffèrent, mais ne sont pas sans rapport entre elles.

Les unes résultent de circonstances nouvelles venues en quelque sorte de l'extérieur du contrat et qui affectent le risque dans certains de ses éléments. La loi a dû en prévoir les conséquences.

Les autres sont voulues par les parties au contrat qui, pour des raisons diverses, souhaitent changer les termes de celui-ci.

Mais le dénouement de certaines situations créées par une modification du risque passe par une modification du contrat. C'est en cela que l'on peut parler de rapports.

A. Modifications affectant le risque

1. Les variations du risque

Le sujet a été sensiblement modifié par la loi du 31 décembre 1989, et le législateur n'a pas toujours bien mesuré les risques du changement. Il pourrait s'ensuivre une assez longue période de flottement dans la pratique sur les causes duquel il n'est pas possible de s'étendre dans cet ouvrage.

a) Circonstances nouvelles aggravant le risque

1) Notion

Les circonstances ont un double caractère :

• nouvelles, elles rendent inexactes ou caduques les réponses faites à l'assureur lors de la souscription du contrat ;

• aggravantes, si elles avaient existé à ce moment, l'assureur n'aurait pas contracté ou ne l'aurait fait que moyennant une prime plus élevée (art. L. 113-2, 3° et L. 113-4, C. assur.).

Ce double parallélisme permet de comprendre l'obligation imposée à l'assuré ainsi que les options ouvertes à l'assureur, et de constater les erreurs du législateur en ce qui concerne la sanction des manquements de l'assuré.

2) Obligation de l'assuré

Comme à la souscription, l'assuré est tenu de faire une déclaration à l'assureur, afin de l'informer de la modification survenue.

L'étendue de son obligation s'apprécie par comparaison avec les questions auxquelles il avait répondu lors de la souscription, de telle sorte qu'il n'est pas tenu de signaler des circonstances qui, seraient-elles aggravantes, sont étrangères au questionnaire, ou avec les informations qu'il avait spontanément fournies à l'assureur.

La déclaration doit être faite par lettre recommandée dans un délai de 15 jours à partir du moment où l'assuré a eu connaissance de la circonstance nouvelle.

Dès lors que l'assuré a fait sa déclaration, il est garanti, pour la nouvelle situation, aux conditions de l'ancienne, et ce jusqu'au dénouement résultant de l'exercice d'une option par l'assureur.

3) Options ouvertes à l'assureur

• **Faculté directe de résiliation**

Celle-ci constitue l'équivalent, adapté au contexte, du refus de contracter que l'assureur peut émettre à la suite d'une proposition d'assurance.

- **Faculté de proposer un nouveau montant de prime**

L'augmentation du montant de la prime constitue une modification du contrat que l'assuré n'est jamais obligé d'accepter.

Son refus sera exprès ou résultera du silence par lui gardé pendant 30 jours à la suite de la proposition de l'assureur.

En cas de refus, l'assureur pourra résilier le contrat (s'il ne le faisait pas, celui-ci se poursuivrait avec la prime antérieure).

Mais il doit avoir informé l'assuré de cette faculté en la faisant figurer en caractères apparents dans la lettre de proposition. En plus, il est tenu de rappeler à l'assuré les dispositions de l'article L. 113-4 du Code des assurances lorsque celui-ci l'informe d'une aggravation du risque.

4) Sanction des manquements de l'assuré

Avant la loi du 31 décembre 1989, en dépit du silence du Code des assurances, il était fait application des dispositions des articles L. 113-8 et L. 113-9 du Code des assurances, et, par conséquent, des sanctions de la déclaration inexacte du risque à la souscription. Une distinction était donc faite entre l'assuré de mauvaise foi et l'assuré de bonne foi. La déclaration effective mais tardive était sanctionnée comme une absence de déclaration si un sinistre s'était produit entre l'expiration du délai imposé pour faire la déclaration et celle-ci.

La loi précitée (art. L. 113-2, C. assur.) dispose que, si une clause de déchéance est prévue pour déclaration tardive au regard du délai prévu pour la déclaration de l'aggravation, elle ne peut être opposée à l'assuré que si l'assureur établit que le retard lui a causé un préjudice.

Les questions que la loi laisse en suspens sont de savoir si cette disposition écarte complètement les sanctions antérieures ou si elles subsistent pour l'absence de déclaration, la déchéance ne s'appliquant qu'en cas de retard ; de savoir comment distinguer précisément les deux situations ; de savoir si le contrat pourrait ne pas prévoir de déchéance en cas de retard et conserver les sanctions traditionnelles.

De toutes les manières, la déchéance ne s'applique qu'à l'occasion d'un sinistre. Or, il ne paraît pas possible d'interdire à l'assureur de se prévaloir des autres conséquences attachées auparavant à l'absence de déclaration.

En réalité, le législateur a introduit une disposition totalement incompatible avec la technique des sanctions des irrégularités en matière d'appréciation du risque par l'assureur.

Fort heureusement, la Cour de cassation admet toujours la nullité en la fondant toutefois sur l'article L. 113-2 lui-même.

5) Renonciation de l'assureur

L'assureur ne peut plus se prévaloir de l'aggravation des risques quand, après en avoir été informé de quelque manière que ce soit, il a manifesté son consentement au maintien de l'assurance, spécialement en continuant à recevoir les primes ou en payant, après un sinistre, une indemnité.

6) Domaine de la réglementation

Elle ne s'applique pas aux assurances sur la vie ni à l'assurance maladie lorsque l'état de santé de l'assuré se trouve modifié.

b) Circonstances créant un nouveau risque

Avant la loi du 31 décembre 1989, une distinction était faite entre l'aggravation du risque et la survenance d'une circonstance ayant pour effet de créer un risque nouveau.

Les régimes étaient différents, puisque le risque nouveau nécessitait, pour être garanti, qu'un accord fût intervenu à son sujet. Une simple déclaration à l'assureur ne suffisait pas.

La loi du 31 décembre 1989 soumet la création d'un risque nouveau résultant d'une circonstance nouvelle au même régime de déclaration à l'assureur dans un délai de 15 jours que l'aggravation. Le risque nouveau est donc garanti dès ce moment aux conditions de la situation antérieure.

La loi n'en dit pas plus, mais il convient d'étendre les dispositions prévues pour l'aggravation du risque, avec les mêmes incertitudes quant aux manquements de l'assuré.

c) Circonstances nouvelles diminuant le risque

Avant la loi du 31 juillet 1989, seule était prise en considération la disparition de circonstances qui aggravaient le risque auparavant et avaient motivé une augmentation de la prime par rapport à celle d'un risque normal. L'assuré pouvait exiger la diminution correspondante de la prime, et résilier le contrat en cas de refus de l'assureur.

La loi du 31 décembre 1989 (art. L. 113-4, al. 4, C. assur.) dispose que l'assuré a droit, en cas de diminution du risque en cours de contrat, à une diminution du montant de la prime. Si l'assureur n'y consent pas, l'assuré peut résilier le contrat. Cette disposition ne manquera pas de susciter des difficultés d'interprétation.

2. Le changement de propriétaire de la chose assurée

a) Régime de droit commun

Ce régime s'applique en cas de décès de l'assuré ou d'aliénation entre vifs de la chose assurée (art. L. 121-10, C. assur.).

1) Transmission du contrat avec la chose

L'assurance continue de plein droit avec l'héritier ou l'acquéreur sans qu'une manifestation de volonté en ce sens soit nécessaire de sa part. Lorsque le transfert de la propriété est différé jusqu'à complet paiement du prix, la transmission du contrat d'assurance est elle-même différée jusqu'à la même date.

- **Conditions**

Si le transfert de la propriété est une condition nécessaire, il est aussi une condition suffisante, l'article L. 121-10 ne distinguant pas selon le mode d'aliénation de la chose assurée. Dès lors, en cas de cession judiciaire d'une entreprise, les contrats de celle-ci sont transmis au cessionnaire.

La chose doit être la matière d'un risque qui lui est propre auquel correspond une prime spéciale ou une partie divisible d'une prime totale. Cette condition est difficilement remplie en présence d'une police multirisques.

La transmission s'opère non seulement pour les assurances de choses mais également pour les assurances de responsabilité lorsqu'elles garantissent les dommages causés par la chose faisant l'objet du transfert de propriété.

- **Effets**

– Le nouvel assuré prend la place de l'ancien et bénéficie de la garantie du contrat.

Ses droits sont identiques : les mêmes exclusions lui sont opposables ; il supporte les effets d'une mise en demeure antérieure à la transmission ; si le contrat était virtuellement atteint du vice de nullité, la transmission ne purge pas le contrat de ce vice. Inversement, il pourrait invoquer contre l'assureur les fautes commises par ce dernier à l'égard du souscripteur, lors de la négociation du contrat, et qui ont causé à l'acquéreur un dommage dont il demande réparation.

Il doit exécuter les obligations dont l'ancien assuré était tenu envers l'assureur. En particulier, il est obligé de payer les primes venant à échéance après le transfert.

– L'ancien assuré devient étranger au contrat et ne peut plus le résilier.

Il demeure débiteur des primes échues avant le transfert, et cela même pour la fraction de prime correspondant à la période comprise entre le transfert et l'échéance suivante. Il peut convenir avec l'acquéreur que ce dernier lui remboursera la quote-part, mais cette convention est inopposable à l'assureur.

Si, en principe, il est libéré des primes à échoir après le transfert, il demeure garant du paiement de celles-ci par le nouvel assuré, tant qu'il n'a pas avisé l'assureur de l'aliénation, par lettre recommandée.

2) Faculté de résiliation ouverte aux parties

La transmission de plein droit du contrat n'a pas pour effet de lier définitivement les parties. La loi leur laisse la possibilité de se défaire du contrat.

- **Résiliation par l'assureur.**

L'assureur dispose d'un délai de 3 mois à compter de la demande de transfert de la police au nom du nouvel assuré.

Avant l'expiration du délai, il peut renoncer à résilier, expressément ou tacitement (par ex. en encaissant une prime venue à échéance depuis le transfert).

- **Résiliation par le nouvel assuré.**

Aucun délai ne lui est imposé, mais en fait il sera amené à prendre parti lorsque l'assureur lui réclamera une prime venue à échéance depuis le transfert.

Le paiement de la prime équivaudra à une renonciation à résilier. D'autres attitudes peuvent être interprétées de la sorte (ex. : déclarer une aggravation du risque).

La jurisprudence reconnaît la validité de la convention intervenue entre l'aliénateur et l'acquéreur aux termes de laquelle celui-ci s'engage envers celui-là à poursuivre les contrats relatifs à la chose aliénée.

b) Régime particulier à certains véhicules

Il s'applique précisément à toutes les assurances relatives aux véhicules terrestres à moteur, leurs remorques et semi-remorques, ainsi qu'aux navires et bateaux de plaisance quel que soit le mode de déplacement ou de propulsion utilisé (art. L. 121-11, C. assur.). Mais il est limité à l'aliénation entre vifs.

Le contrat n'est pas transmis de plein droit à l'acquéreur (mais rien n'interdit aux parties d'organiser le transfert conventionnel à celui-ci).

Entre les mains de l'aliénateur, le contrat va être suspendu. L'aliénation n'entraîne donc pas la résiliation automatique de celui-ci. L'extinction du contrat n'interviendra, le cas échéant, que comme une circonstance ultérieure.

1) Suspension du contrat

- **Modalités**

Le contrat est suspendu de plein droit, en ce qui concerne le bien aliéné, le lendemain à 0 heure du jour de l'aliénation. Mais, jusqu'à ce moment, l'acquéreur, selon la jurisprudence, est garanti.

La jurisprudence admet que le transfert de la propriété soit différé ou que la vente soit conclue sous condition suspensive (par ex., une visite technique favorable), et, en pareil cas, la garantie n'est pas suspendue immédiatement.

La suspension de la garantie entraîne la suspension corrélative de la dette de prime.

L'assureur et l'assuré peuvent convenir de remettre la garantie en vigueur sur un nouveau véhicule.

- **Preuve de l'aliénation**

La charge de la preuve pèse sur celle des deux parties qui demande à bénéficier des effets attachés par la loi à l'aliénation : l'assureur lorsqu'il ne veut pas garantir un sinistre; l'assuré lorsqu'il ne veut plus payer de prime.

En pratique, il existe des difficultés du fait du caractère consensuel de la vente; du fait que le transfert de la carte grise est sans influence, du point de vue civil, sur le transfert de la propriété; du fait qu'il n'est pas toujours fait d'écrit.

Lorsque le juge ne peut découvrir la date réelle de l'aliénation, il est obligé, en fait, de fixer une date fictive à partir des éléments qui sont à sa disposition, par exemple la date à laquelle l'assuré l'a informé de l'aliénation (et non la date indiquée dans l'information, qui ne serait qu'une prétendue date réelle non prouvée).

2) Extinction du contrat

- **Résiliation volontaire**

Chacune des parties peut résilier unilatéralement le contrat tant qu'il n'a pas été remis en vigueur.

- **Extinction par l'effet de la loi**

Elle intervient au bout de six mois, si le contrat n'a été ni remis en vigueur ni résilié volontairement.

B. Modifications du contrat

Toute modification du contrat – et les modifications sont diverses – requiert le consentement de chacune des parties puisqu'il s'agit de remettre en cause les termes d'un accord antérieur.

Elle donne généralement lieu à l'établissement d'un document écrit, l'avenant, encore que celui-ci ne soit pas nécessaire à la formation de l'accord, la modification du contrat ayant, comme sa conclusion, un caractère consensuel.

Mais lorsqu'il s'agit du consentement de l'assureur à une proposition de l'assuré, son expression est soumise à des règles particulières qui n'en font pas pour autant disparaître la nécessité.

1. Diversité des modifications

On ne saurait être exhaustif. Il s'agit seulement d'apprendre à reconnaître une modification lorsqu'elle se produit.

a) Modifications afférentes au risque

1) Circonstances faisant naître une situation nouvelle

Elles ont déjà été étudiées (cf. p. 77). À ce moment, la modification de la prime était en fait la partie visible du changement relatif au risque qui avait pour effet de modifier les conditions auxquelles celui-ci est garanti.

2) Nouvel objet de l'assurance

On entend par là le ou les événements garantis par le contrat (ex. : ajouter aux autres assurances d'un contrat multirisques, une assurance contre le vol qui ne s'y trouvait pas déjà).

3) Nouveau sujet ou nouvel objet du risque

On entend par là la personne ou la chose exposée à un risque.

Il pourrait s'agir d'ajouter ou de retirer du contrat une personne dont la responsabilité ou la vie est assurée, ou encore une chose si l'assurance porte sur des biens individualisés.

4) Nouvelles modalités de la garantie

Il pourra s'agir de nouvelles conditions de la garantie; de la suppression ou de l'ajout d'exclusions; de changements relatifs aux plafonds de garantie, aux franchises, à l'étendue de la garantie dans le temps; de nouveaux capitaux dans une assurance de personne.

5) Cas particulier des risques variables (art. L. 113-10)

Dans certains contrats, l'objet ou les sujets du risque ne sont jamais constants et sont appelés à varier (ex. : police collective garantissant un certain nombre de personnes contre un même risque; police d'abonnement pour des assurances de dommages).

L'assureur accepte par avance les variations et ne saurait en prendre prétexte pour résilier le contrat. Les modifications quant au risque s'opèrent automatiquement. Mais l'assuré est tenu de les déclarer à l'assureur, et de la sorte on débouche sur une modification de la prime.

Les manquements de l'assuré relèvent d'un régime de sanctions différent de celui prévu aux articles L. 113-8 et L. 113-9 du Code des assurances.

- **Assuré de bonne foi**

Pour toute erreur ou omission dans les déclarations, il doit, outre le rappel de prime correspondant, une indemnité qui ne peut excéder 50 % de la prime omise. Il reste intégralement garanti pour les sinistres.

- **Assuré de mauvaise foi**

En plus de la sanction précédente, il perd le droit à la garantie pour les sinistres survenus pendant la période couverte par la fraude.

Traditionnellement, la Cour de cassation décidait qu'aucune autre sanction que celles ci-dessus ne pouvait être appliquée. Plus récemment, elle a rendu des décisions donnant à penser que la mise à l'écart des articles L. 113-8 et L. 113-9 nécessiterait que les sanctions de l'article L. 113-10 aient été stipulées dans la police. À vrai dire, la situation actuelle est assez floue.

b) Modifications de la prime

1) Accord de circonstance

C'est un accord contemporain du moment où apparaît la nécessité d'apporter une modification au montant de la prime.

- Tantôt la modification est propre à l'assuré et intervient comme conséquence d'une modification afférente au risque (ex. : aggravation). Elle obéit au mécanisme habituel de proposition de modification en attente d'une acceptation.

- Tantôt la modification de chaque contrat prend place dans un ensemble plus vaste, parce que l'assureur entend augmenter ses tarifs. Dans ce cas, il est généralement stipulé, dans les polices, que l'assureur augmentera la prime, à l'échéance annuelle, sans faire d'offre préalable à l'assuré, lequel disposera d'un certain délai, à compter de la connaissance de la modification, pour manifester son refus par la résiliation du contrat.

2) Accord préétabli

Il s'agit de la pratique de la révision automatique de la prime, liée souvent à la révision automatique de la somme assurée.

Elle est prévue initialement dans la police, ce qui préserve son caractère conventionnel.

La prime indexée sur un indice suit l'évolution de celui-ci, et l'ajustement se fait à l'échéance annuelle.

c) Modifications afférentes au fonctionnement du contrat

Exemples : la date de l'échéance annuelle ; le fractionnement du paiement des primes ; la périodicité de la résiliation à l'échéance ; la durée du délai de préavis (mais l'acte de résiliation en lui-même ne constitue pas une modification laquelle suppose l'existence du contrat) ; la suspension du contrat ou sa remise en vigueur ; la prolongation d'un contrat à durée déterminée ne comportant pas déjà une clause de tacite reconduction, etc.

2. Règles particulières à l'acceptation de l'assureur

La loi fait produire au silence de l'assureur un effet d'acceptation (art. L. 112- 2, al. 5, C. assur.).

a) Efficience du silence de l'assureur

L'assuré pourra considérer son offre comme acceptée si l'assureur n'a pas fait connaître son refus dans le délai de 10 jours. Selon la loi, l'offre de l'assuré doit être faite par lettre recommandée. Mais la jurisprudence a perverti cette exigence, puisqu'elle ne voit pas dans la lettre recommandée une formalité substantielle dont dépendrait la validité de l'offre. Tout moyen de transmission de celle-ci peut être utilisé, l'important étant pour l'assuré de se ménager une preuve. En outre, la remise de l'offre de modification à l'agent général de la compagnie a été jugée valable, même si ce n'est pas par lettre recommandée.

Le délai commence à courir le lendemain, à 0 heure, du jour de la réception de la proposition par l'assureur ; il se termine le 10e jour à minuit. Il suffit que, dans ce délai, l'assureur ait adressé son refus à l'assuré pour n'être pas considéré comme acceptant.

En principe, la modification acquise par le silence produit effet à l'expiration du délai. Mais l'assuré peut, dans son offre, fixer une autre date, à laquelle s'appliquera l'acceptation. Toutefois, un arrêt de la Cour de cassation a décidé que l'assureur est réputé avoir accepté la proposition de modification dans les termes et à compter de la demande de l'assuré, alors que l'offre de l'assuré ne comportait aucune indication. De la sorte, la modification a produit effet non à l'expiration du délai mais au début.

b) Conditions de l'acceptation par le silence

1) Existence d'un contrat en cours

Il est impossible de faire renaître un contrat qui vient d'être résilié.

2) Hypothèse d'offre prévue par la loi

- **Prolongation du contrat**

En l'absence de clause de tacite reconduction, une demande de renouvellement formée par l'assuré en cours de contrat constitue une demande de prolongation d'une année, de telle sorte que le silence de l'assureur peut valoir acceptation de celle-ci.

- **Remise en vigueur d'un contrat suspendu**
- **Modification proprement dite**

La jurisprudence adopte, de la modification, une conception extensive, puisqu'elle applique la règle sur le silence à toutes les modifications, quelles que puissent en être la nature et la portée. Il importe peu, dès lors, que la modification demandée par l'assuré porte sur l'adjonction d'un risque distinct et plus important par rapport au contrat initial.

3) Contenu de la proposition

La proposition doit être complète et précise de manière à pouvoir constituer une véritable pollicitation susceptible de recevoir l'acquiescement de l'assureur. Toutefois, lorsqu'il s'est agi de savoir si la proposition doit comporter l'indication de la prime, après des hésitations, la Cour de cassation a fini par décider que celle-ci n'est pas nécessaire à la validité de l'offre.

Observation : Le fait que les conditions de l'acceptation par le silence ne soient pas remplies n'empêche pas les parties de procéder à une modification, mais selon le mécanisme habituel, le silence de l'assureur étant inopérant. Tel est le cas pour l'acceptation d'une résiliation unilatérale irrégulière.

> CHAPITRE II

LE SINISTRE

Généralités

Le sinistre est la survenance d'un événement dont l'éventualité avait été prise en considération lors de l'entrée du risque dans la mutualité. À l'aléa originel, fait place une certitude, ce qui explique que le fait intentionnel soit exclusif de l'intervention de l'assurance, la volonté de l'assuré ne pouvant, à elle seule, rendre certaine l'obligation de l'assureur.

Les rapports que le sinistre entretient avec la mutualité sont divers. Il en résulte des différences d'appréciation quant à la manière de le prendre en considération, ce que les assureurs ne voient pas toujours, laissant ainsi se créer, par le silence des polices d'assurance, des difficultés d'application de certaines clauses.

Toutefois, pour l'application des dispositions du livre du Code des assurances relatif à l'assurance de responsabilité, la loi du 1er août 2003 a introduit, dans celui-ci, un nouvel article L. 124-1-1 qui définit le sinistre comme étant « tout dommage ou ensemble de dommages causés à des tiers, engageant la responsabilité de l'assuré, résultant d'un fait dommageable et ayant donné lieu à une ou plusieurs réclamations ». Le fait dommageable quant à lui « est celui qui constitue la cause génératrice du dommage », « un ensemble de faits dommageables ayant la même cause technique (étant) assimilé à un fait dommageable unique ».

Quoi qu'il en soit, si les parties sont seules concernées par le contrat d'assurance tant qu'il s'agit de son existence et de son déroulement, la relation d'assurance peut être amenée à s'élargir lorsque survient un sinistre. Des tiers, étrangers au contrat à l'origine, vont avoir un droit sur l'indemnité d'assurance, à moins que le sinistre, par le relais d'une assurance de chose, ne les ait rendus débiteurs de l'assureur. Aussi leur place dans la relation d'assurance à la suite d'un sinistre doit-elle être examinée après les effets de la survenance de celui-ci entre les parties.

> SECTION 1

Le sinistre et les parties

§1 - LA MISE EN ŒUVRE DE LA GARANTIE

A. L'adéquation de la garantie au sinistre

De nombreuses raisons peuvent faire obstacle à la prise en charge du sinistre par la mutualité (exclusion, annulation du contrat, suspension de la garantie, etc.). Elles sont étudiées par ailleurs.

Ici, il s'agit de prendre en considération le sinistre pour sa seule survenance, indépendamment des circonstances dans lesquelles l'événement s'est réalisé, afin de rechercher si la garantie est adéquate tant à sa date qu'à son lieu.

1. Adéquation à la date du sinistre

En principe la garantie ne peut être acquise qu'à un événement (incendie, accident, vol, décès, etc.) qui s'est produit durant la période allant de la prise d'effet du contrat à son extinction effective. La date à laquelle l'assuré a connaissance de l'événement est indifférente.

• Cependant, dans certaines assurances de responsabilités nées d'une activité professionnelle, ou de l'activité d'une entreprise, des considérations diverses (sinistres dans lesquels le dommage n'est pas immédiatement perceptible après la commission de la faute, tardiveté de la réclamation de la victime, nécessité pour l'assureur de maîtriser l'avenir après l'extinction du contrat, etc.) peuvent conduire l'assureur à vouloir limiter sa garantie dans le temps. Rarement, encore dans un passé récent, question a fait l'objet de tant de controverses et de changements, au gré des revirements de jurisprudence et des textes réglementaires successifs, de la règle de droit. Maintenant, elle est réglée par la loi du 1er août 2003, laquelle institue un régime général (à côté d'un régime spécial à l'assurance de responsabilité médicale – loi du 30 décembre 2002).

• Les grandes lignes du régime général sont les suivantes (art. L. 124-5, C. assur.). En principe, les parties ont le choix entre deux régimes, quant à l'événement qui déclenche la garantie : celui du fait dommageable et celui de la réclamation de la victime. L'un et l'autre sont situés par rapport à la durée de la garantie. Cependant, la faculté de choix est supprimée lorsque « la garantie couvre la responsabilité des personnes physiques en dehors de leur activité professionnelle ». Dans ce cas, le régime du fait dommageable s'applique nécessairement. Dans les autres cas, le choix peut également être interdit par décret, mais celui-ci imposera l'un ou l'autre des régimes, celui du fait dommageable n'ayant pas l'exclusivité.

• Dans le régime du fait dommageable, dès lors que celui-ci s'est produit entre la prise d'effet et la cessation de la garantie, toutes les réclamations seront prises en considération quelle que soit la date à laquelle elles interviendront (sous réserve, bien entendu, que l'action en responsabilité ne soit pas prescrite). Dans le régime de la réclamation, il n'est pas nécessaire que celle-ci intervienne pendant la durée de la garantie. Elle sera encore accueillie pendant un délai suivant sa cessation, prévu par le contrat, mais dont la durée ne peut, en vertu de la loi, être inférieure à cinq ans (un délai plus long pourrait être fixé dans des conditions définies par décret).

2. Adéquation au lieu du sinistre

Sauf disposition légale contraire, la police d'assurance peut valablement stipuler un domaine d'application territorial et ne garantir que les sinistres survenus sur le territoire des États désignés.

B. Le processus de mise en œuvre de la garantie

Si la garantie se concrétise par le versement d'une prestation pécuniaire de l'assureur, ce n'est qu'au terme d'un processus où tant l'assuré que l'assureur sont appelés à jouer un rôle en vue de préparer ledit versement.

Le premier se voit imposer des obligations, le second disposant de certains droits afin d'empêcher que la mutualité ne soit sollicitée indûment.

1. Situation de l'assuré

a) Nature des obligations de l'assuré

1) Obligation légale de déclarer le sinistre

- **Fait générateur**

Il s'agit non de la survenance de l'événement, mais de la connaissance par l'assuré des conséquences de celui-ci quant à la garantie procurée par le contrat.

- **Délai**

Celui-ci est fixé par la police, mais il ne peut être inférieur à 5 jours ouvrés.

Le délai minimal est ramené à 2 jours ouvrés en cas de vol, et à 24 heures en cas de mortalité du bétail.

Aucun délai n'est imposé dans les assurances sur la vie.

- **Étendue**

Quant au fond, la loi n'exige que de donner un avis du sinistre, ce qui autorise des indications sommaires ; mais l'assureur peut imposer conventionnellement de lui fournir par la suite des indications complémentaires.

Quant à la forme, le principe est celui de la liberté (déclaration verbale, lettre ordinaire ou recommandée, télégramme, télex, télécopie), l'essentiel étant pour l'assuré de se ménager la preuve de la déclaration.

- **Preuve**

La Cour de cassation procède au partage suivant en matière de charge de la preuve : s'il incombe à l'assuré, lorsque l'assureur, pour refuser sa garantie, lui oppose la déchéance prévue pour cause de non-déclaration du sinistre dans le délai imparti par la police, de justifier de l'exécution de l'obligation que lui imposait sur ce point le contrat, il appartient par contre à l'assureur, au cas où il ne conteste pas le fait même de la remise matérielle, à un agent de sa compagnie, d'une déclaration écrite de sinistre émanant de son assuré, d'établir que, contrairement à l'affirmation de celui-ci, la déclaration a été faite tardivement.

2) Obligations diverses

Elles sont d'origine conventionnelle et très variées. Elles sont adaptées au type d'assurance pour lequel elles sont prévues (ex. : en assurance vol, obligation de déclarer l'infraction à la police ou à la gendarmerie).

b) Sanctions des obligations de l'assuré

1) Déchéance de garantie

- **Spécificité**

C'est une sanction privant l'assuré de la garantie pour le sinistre à l'occasion duquel il a manqué à ses obligations.

Il faut éviter de commettre une confusion entre déchéance et nullité du contrat (la déchéance ne porte pas atteinte à l'existence du contrat) ; entre déchéance et exclusion de risque (par l'exclusion, l'assureur n'a jamais entendu garantir l'événement survenu, et cela n'a rien à voir avec l'accomplissement ou le non-accomplissement des obligations de l'assuré en cas de sinistre).

• **Domaine**

La déchéance est permise sauf interdiction légale (deux cas : la déchéance qui sanctionnerait en ces termes une violation des lois ou règlements à moins qu'elle ne constitue un crime ou un délit, et celle qui sanctionnerait un simple retard apporté par l'assuré à la déclaration du sinistre aux autorités ou à la production des pièces).

• **Conditions**

La déchéance doit faire l'objet d'une clause dans la police en caractères très apparents. Aussi n'est-elle opposable à l'assuré qu'après remise effective de la police ou, avant celle-ci, des documents prévus à l'article L. 112- 2, nouveau, du Code des assurances.

L'assuré doit avoir manqué à l'une de ses obligations en cas de sinistre, mais la force majeure est une cause justificative du retard. De même, l'assuré pourrait se prévaloir d'une renonciation (tacite le plus souvent) de l'assureur à lui opposer la déchéance.

Lorsqu'il s'agit de la déchéance pour déclaration tardive du sinistre, la loi du 31 décembre 1989 exige que l'assureur fasse la preuve d'un préjudice (art. L. 113-2, C. assur.), mais cette condition n'a pas été prévue pour les autres cas de déchéance, d'où la question d'une extension par analogie qui ne laisserait pas d'être délicate.

• **Effets**

La garantie est perdue non seulement par l'assuré mais également par le tiers bénéficiaire d'une stipulation pour autrui.

En revanche, la déchéance est inopposable à la victime dans les assurances de responsabilité ainsi qu'au créancier muni de sûreté sur la chose assurée. Dans ce cas, après avoir indemnisé le tiers, l'assureur exerce un recours contre l'assuré déchu.

2) Dommages-intérêts

Ils sont destinés à réparer le préjudice subi par l'assureur, en particulier lorsque la déchéance de garantie est interdite.

Ils peuvent remplacer, comme sanction, une déchéance permise. Mais attention : dans le cas prévu par la loi du 31 décembre 1989 (déclaration tardive du sinistre), l'existence d'un préjudice est une condition de la déchéance permise et non la mesure d'une sanction sous forme de dommages-intérêts.

2. Situation de l'assureur

L'assureur est en droit, après la survenance du sinistre, de prendre des mesures conservatoires afin de sauvegarder les intérêts de la mutualité, notamment pour empêcher le dépérissement des preuves.

Les mesures de sauvegarde possibles sont nombreuses et variées.

On citera :
– la faculté de faire procéder à des enquêtes sur les conséquences du sinistre, sur l'exactitude de la déclaration de celui-ci, de la déclaration du risque ;
– la faculté de faire procéder à des expertises, soit des dommages matériels, soit des dommages corporels (à propos du secret médical, v. *supra*, p. 56) ;
– la faculté de recueillir des témoignages.

§2 - LA PRESTATION DE L'ASSUREUR

A. Le montant de la prestation

Généralités

Le montant de la prestation ne pose pas de problème dans les assurances sur la vie. L'indication en est directement fournie par la police.

Dans les assurances contre les accidents corporels, traditionnellement, il en allait de même, le seul problème étant éventuellement d'ordre médical lorsqu'il s'agissait d'évaluer un taux d'incapacité permanente ou une durée d'incapacité pour appliquer ensuite purement et simplement les bases contractuelles fournies par la police. Aujourd'hui, le développement des garanties prenant en considération le préjudice subi par l'assuré rend un peu plus complexe l'évaluation de l'indemnité.

Les développements suivants ne concernent donc que les assurances de dommages.

La détermination du montant de la prestation de l'assureur commence par une évaluation du dommage, mais celui-ci ne donne pas la mesure exacte de celle-là. Si la prestation de l'assureur ne peut jamais être supérieure au montant du dommage, en revanche divers facteurs peuvent jouer dans le sens d'une minoration.

Certaines des règles apparaissent comme des applications du principe indemnitaire, alors que d'autres sont étrangères à celui-ci.

1. RÈGLES IMPLIQUÉES PAR LE PRINCIPE INDEMNITAIRE

D'une part le droit de l'assurance comporte des techniques permettant d'évaluer aussi exactement que possible le dommage afin d'éviter un enrichissement de l'assuré.

Pratiquement elles n'interviennent qu'en assurance de choses, car, en assurance de responsabilité, l'évaluation est faite selon les règles du droit de la responsabilité.

Dans ce dernier domaine, la jurisprudence ne subit aucune entrave, sinon celles qu'elle s'assigne, dans la mise en œuvre du principe de la réparation intégrale.

Au contraire, dans les assurances de choses les tribunaux sont liés par les méthodes d'évaluation stipulées dans les polices et ne peuvent que les appliquer sans pouvoir les interpréter dès lors qu'elles sont claires et précises.

D'autre part la loi a dû compter avec l'hypothèse de l'excès d'assurance, lequel pourrait, si l'on n'y prenait pas garde, permettre de contrevenir au principe indemnitaire.

a) Évaluation du dommage

1) Règles générales

- L'assureur est autorisé à stipuler une clause de déchéance de garantie pour exagération frauduleuse des conséquences du sinistre. Celle-ci suppose que l'assuré a employé des manœuvres pour faire croire faussement à l'existence d'une chose dans celles qui ont été sinistrées ou à une valeur supérieure à la valeur réelle. Il ne saurait y avoir de fraude lorsque l'assuré, en présence d'une chose indiscutable et sans manœuvres douteuses, émet une prétention chiffrée même très éloignée de celle de l'assureur.
- L'évaluation se fait au jour du sinistre, sans que l'assuré puisse, en principe, exiger une actualisation au jour du règlement.

• S'il s'avère, *a posteriori*, que le montant des frais ou dépenses que l'assuré a dû engager pour réparer ses dommages est inférieur à l'indemnité versée par l'assureur selon une évaluation initiale, celui-ci est autorisé à agir en répétition de l'indu.

• La valeur assurée ne donne pas la valeur de la chose au jour du sinistre. S'il s'agit de la « valeur déclarée » (unilatéralement par l'assuré), cela va de soi ; mais il en va de même pour la « valeur agréée » (par l'assureur après expertise). Tout au plus, faute d'autre moyen d'évaluation et en l'absence de la chose, la valeur agréée pourrait valoir présomption de la valeur réelle de la chose.

• Il est possible, dans certaines assurances, sans contrevenir au principe indemnitaire, mais sous certaines conditions, d'assurer une chose usagée en valeur à neuf, c'est-à-dire sans déduction de la vétusté (cf. *infra*).

2) Méthodes d'évaluation

• **Sinistre total :** la chose assurée est complètement détruite ou a disparu.

S'il s'agit d'une chose destinée à la vente, la valeur retenue est la valeur vénale c'est-à-dire la valeur actuelle de cette chose dans le commerce.

S'il s'agit d'une chose non destinée à la vente, on retient la valeur d'usage, c'est-à-dire la somme que l'assuré devrait débourser pour retrouver une chose dans le même état et lui procurant le même usage. Lorsque l'assuré doit procéder au remplacement par une chose neuve (ex. : un bâtiment), la valeur d'usage est égale à la valeur de celle-ci (valeur à neuf) de laquelle il est déduit une somme obtenue par application du coefficient de vétusté de la chose détruite. Si une chose équivalente peut être trouvée dans le commerce, la valeur de remplacement tient déjà compte de la vétusté laquelle n'a pas à être déduite (ex. : automobile).

• **Sinistre partiel :** la chose n'est pas complètement détruite.

Si elle est réparable, le montant du dommage sera bien égal au coût des réparations, mais il est fréquemment stipulé, dans les polices (en particulier pour les véhicules automobiles), que l'indemnité d'assurance sera plafonnée à la valeur d'usage ou à la valeur vénale lorsque celle-ci est inférieure audit coût.

Si elle n'est pas réparable, on calcule la valeur de la chose comme en cas de sinistre total et l'on déduit la valeur de sauvetage.

b) Mesures relatives à l'excès d'assurance

1) Hypothèses d'excès

• La surassurance simple (art. L. 121-3, C. assur.) est l'excès dans un contrat unique. Elle suppose que l'on puisse comparer la valeur assurée à une valeur assurable : assurances de choses et assurances où la responsabilité est encourue du fait de dommages causés à une chose déterminée (assurances de responsabilité déterminée, exemples : dépositaire, locataire).

• Les assurances cumulatives (art. L. 121-4, C. assur.) : plusieurs contrats garantissent simultanément un objet identique contre le même risque en vue de préserver un même intérêt d'assurance. Par l'addition des garanties, la valeur assurée est supérieure à la valeur assurable. Mais la Cour de cassation a posé une condition supplémentaire pour que le cumul soit reconnu : les différents contrats doivent avoir été conclus par le même souscripteur, ce qui semble contestable. Cette jurisprudence s'est maintenue, et, de manière tout aussi contestable, la Cour de cassation en a déduit qu'il ne peut y avoir de cumul entre l'assurance souscrite par le propriétaire d'une chose et celle souscrite pour son compte par un tiers.

Quand il s'agit de plusieurs assurances de responsabilité indéterminée, où le montant maximum des dommages-intérêts ne peut être connu avant un sinistre, à ce moment il n'y a pas de cumul. Mais, après le sinistre, il faudra tenir compte de la pluralité d'assureurs.

2) Mesures destinées à corriger l'excès

- **Surassurance simple**

Le contrat demeure valable.

Pour l'avenir, il est procédé à la réduction de l'assurance : la valeur assurée est ramenée à la valeur réelle de la chose, et il y a diminution corrélative de la prime. La réduction n'est pas automatique, et elle doit être demandée à l'assureur.

Pour le passé, la réduction n'a pas lieu, et l'assureur conserve les primes encaissées. En revanche, si un sinistre s'est produit, le principe indemnitaire joue et limite la garantie à la valeur assurable.

- **Assurances cumulatives**

La contribution de chaque assureur est déterminée en appliquant au montant du dommage le rapport existant entre l'indemnité qu'il aurait versée s'il avait été seul et le montant cumulé des indemnités qui auraient été à la charge de chaque assureur s'il avait été seul.

La répartition proportionnelle n'est pas opposable au bénéficiaire de l'indemnité qui peut s'adresser à l'assureur de son choix dans la limite de la garantie de ce dernier.

Aucune stipulation contraire n'est autorisée, et la Cour de cassation se montre sévère à l'égard des clauses dites « de subsidiarité », sans toujours bien distinguer les « bonnes », des « mauvaises ». Lorsque, à l'occasion, elle valide une clause, elle le fait par le biais de la qualification en déclarant que les conditions du cumul ne sont pas remplies.

La mise en œuvre des règles qui précèdent a conduit la loi à prévoir une obligation, pour l'assuré, de déclarer à chaque assureur l'existence des autres contrats, sans qu'une sanction spécifique ait été prévue en cas de manquement.

3) Mesures destinées à dissuader l'assuré de provoquer un excès

Lorsque l'excès a été provoqué frauduleusement, le ou les contrats pourront être annulés sur demande du ou des assureurs. La menace d'une annulation est la seule prévention efficace, car, si l'assuré n'avait comme seule perspective que de voir l'indemnité ramenée à ce que commande le principe indemnitaire, il ne perdrait rien et pourrait ainsi courir sa chance impunément.

2. RÈGLES ÉTRANGÈRES AU PRINCIPE INDEMNITAIRE

Dans tous les cas qui vont être vus, l'indemnité d'assurance ne couvre pas entièrement le montant du dommage. Tantôt c'est au résultat de stipulations qui ont, par avance, limité la prestation de l'assureur ; tantôt c'est parce que, l'assuré s'étant trouvé en situation de sous-assurance, il n'a pas suffisamment contribué au financement de la mutualité, et cela sans accord préalable de l'assureur.

a) Les limitations de garantie stipulées

1) Technique des plafonds

L'assureur n'est engagé que dans la limite du plafond stipulé, peu important que le coût du sinistre soit supérieur.

Le cas le plus simple, en apparence du moins, est celui de la limitation par sinistre. Mais, en fait, il peut présenter des difficultés de mise en œuvre dans les assurances de responsabilité en cas de pluralité de victimes.

Il existe également une technique de plafond par année d'assurance, voire par police, avec ou sans reconstitution de la garantie.

2) Techniques des découverts obligatoires et franchises

L'assuré conserve à sa charge la première tranche du coût du sinistre.

Les deux techniques se ressemblent par les différentes manières de calculer la part restant à la charge de l'assuré (somme déterminée et fixe, ou pourcentage soit de la valeur assurée, soit du montant du dommage, avec ou sans minimum ou maximum).

Pour le reste, les deux techniques sont dissemblables.

Le découvert obligatoire a pour rôle de moraliser l'assurance en développant la prévention des risques. D'où la conséquence suivante : il est une condition de l'assurance, ce qui interdit à l'assuré de le faire garantir par un autre assureur.

Il existe deux sortes de franchises.

La franchise simple a pour rôle d'éliminer les petits sinistres de la gestion de l'assureur. Elle ne s'applique que si le montant du dommage lui est inférieur.

La franchise absolue est un élément du calcul de la prime, et elle s'applique en tout état de cause.

Observation : La pratique ne fait guère la distinction entre les deux qualifications (découvert et franchise).

b) La sous-assurance

C'est la situation où la valeur assurée est inférieure à la valeur assurable, ce qui suppose que l'on puisse les comparer avant tout sinistre (assurances de choses et assurances de responsabilité déterminée). Toutefois, c'est au jour du sinistre qu'il faut se placer pour faire la comparaison.

1) Principe

En cas de sinistre total, la somme assurée joue normalement le rôle d'un plafond (cf. *supra*), et aucune disposition particulière n'est nécessaire.

En cas de sinistre partiel, du fait de l'insuffisance de la prime payée, l'assuré est considéré comme son propre assureur, au prorata de cette insuffisance.

L'indemnité d'assurance fait l'objet d'une réduction proportionnelle déduite du rapport : valeur assurée/valeur assurable.

La réduction proportionnelle est une mesure purement technique qui ne fait aucune différence entre l'assuré de bonne foi et l'assuré de mauvaise foi.

2) Aménagements conventionnels

- L'assurance des risques simples d'habitation, par exemple, donne lieu à un calcul de la prime à partir de critères autres que la valeur assurée, et la prime est indexée. La sous-assurance se trouve éliminée par hypothèse.
- Si le calcul de la prime se fait à partir de la valeur assurée, les clauses d'indexation de celle-ci ne mettent l'assuré à l'abri que des variations de valeur postérieures à la souscription du contrat mais non à l'abri d'une sous-évaluation initiale. Elles ne s'accompagnent pas d'une renonciation de l'assureur à la règle proportionnelle.
- L'assureur peut renoncer à la réduction proportionnelle lorsque la valeur de la chose assurée fait l'objet d'une expertise préalable et d'une indexation.

B. Le paiement de la prestation

1. Exigibilité de la prestation

La prestation de l'assureur est normalement exigible dès qu'elle est liquide (fixation amiable ou judiciaire).

Mais un délai est laissé à l'assureur pour payer, et il n'est en retard qu'au-delà de celui-ci. Aussi la police doit-elle comporter une clause prévoyant ce délai. À défaut de délai stipulé, l'assureur est en retard s'il ne paie pas à l'instant même où sa dette est liquidée.

2. Sanction du retard

Elle consiste en intérêts moratoires au taux légal (art. 1153, C. civ.), lesquels ont un caractère exclusif, sauf à ce que l'assuré démontre la mauvaise foi de l'assureur pour obtenir la réparation du préjudice indépendant du retard (même art., dern. al.).

Les intérêts courent à compter de la sommation de payer (qui peut être une lettre recommandée), l'assignation en justice jouant ce rôle éventuellement. Si le juge a dû évaluer l'indemnité, les intérêts ne courent qu'à compter de la décision.

Cette distinction est mise en œuvre de la manière suivante au sujet des assurances de choses : dans les obligations qui se bornent au paiement d'une somme d'argent, les intérêts résultant du retard dans l'exécution sont dus, sauf disposition contraire, du jour de la sommation de payer; et cette règle a vocation à s'appliquer à l'indemnité due par une compagnie d'assurance lorsque, en cas d'assurance de chose, le montant de l'indemnité est fixé en fonction de la valeur de la chose assurée au jour du sinistre et ne résulte pas de l'évaluation du préjudice faite par le juge au jour où il statue.

> Section 2

Le sinistre et les tiers

§1 - Les tiers créanciers de l'assureur

A. Assurances de dommages

1. Le bénéficiaire d'une assurance pour compte

Les règles particulières mises en œuvre sont la conséquence du mécanisme juridique qui confère un droit au tiers bénéficiaire sur l'indemnité d'assurance, c'est-à-dire la stipulation pour autrui.

- Le droit du bénéficiaire est un droit propre et direct, indépendant de la personne du souscripteur. Le bénéficiaire ne supporte pas le concours des créanciers de celui-ci. L'assureur ne peut lui opposer les exceptions personnelles au souscripteur.
- Bien que propre, le droit du bénéficiaire reste dépendant du contrat dans lequel il trouve sa source. Aussi le souscripteur a-t-il nécessairement qualité pour exiger l'exécution du contrat au profit du bénéficiaire.

La prescription applicable est la prescription biennale.

L'assureur peut opposer au bénéficiaire toutes les exceptions trouvant leur origine dans le contrat. Peu importe que l'exception soit postérieure au sinistre.

2. Les bénéficiaires d'un droit légal

a) Le créancier muni de sûreté sur la chose assurée

En vertu de l'article L. 121-13 du Code des assurances et par l'effet d'une subrogation réelle, l'indemnité d'assurance prend la place de la chose détruite dans le patrimoine de l'assuré, et le droit de préférence du créancier se trouve reporté sur cette indemnité.

Traditionnellement, la jurisprudence considérait que l'attribution se faisait automatiquement par le seul effet de la loi. Maintenant, la Cour de cassation décide que l'opposabilité du droit propre au paiement de l'indemnité d'assurance est subordonnée à une demande de paiement à ce titre adressée à l'assureur par le créancier intéressé. Et elle ajoute qu'il s'agit d'une simple faculté dont l'exercice ou le non-exercice n'est pas, en lui-même, constitutif d'une faute.

L'attribution a un caractère général et joue au profit de tout titulaire d'une sûreté réelle.

1) Conditions de l'attribution de l'indemnité

- **À l'égard des créanciers**

L'attribution se fait impérativement en suivant le rang légal des créanciers.

Chaque fois que la sûreté est soumise à une publicité pour être opposable aux tiers, le créancier doit avoir fait procéder à l'inscription avant le sinistre.

La liste de l'article L. 121-13 est limitative (ex. : ne bénéficie pas de l'attribution de l'indemnité le propriétaire d'une chose mobilière, car il n'a aucun privilège pour garantir la restitution de la chose lorsqu'elle est entre les mains d'une tierce personne).

- **À l'égard des assurances**

L'article L. 121-13 s'applique non seulement aux assurances de choses mais également aux assurances de responsabilité déterminée.

- **À l'égard de la créance**

Elle doit être certaine, liquide et exigible.

2) Effets de l'attribution

- **Après sinistre**

Le créancier a un droit de préférence sur l'indemnité d'assurance. Le paiement fait à un autre que lui n'aurait aucun caractère libératoire pour l'assureur.

Le deuxième alinéa de l'article L. 121-13 dispose : « Néanmoins, les paiements faits de bonne foi par l'assureur avant opposition sont valables ». Avec l'approche ancienne de l'opposabilité du privilège, l'opposition n'était qu'un moyen parmi d'autres de porter la sûreté à la connaissance de l'assureur afin de le rendre de mauvaise foi. Avec la nouvelle approche, la bonne foi perd son autonomie, et elle ne fait que caractériser l'attitude de l'assureur avant la réception de la demande du créancier valant opposition.

Le créancier a un droit direct contre l'assureur et a qualité pour agir contre lui en exécution du contrat. Mais il n'est pas dispensé de mettre l'assuré en cause.

Le droit du créancier dérive de la loi, et la prescription biennale lui est inapplicable.

Le droit du créancier est définitivement consolidé le jour du sinistre, c'est-à-dire le jour de l'événement. Dès lors les exceptions postérieures à celui-ci lui sont inopposables.

En revanche, les exceptions antérieures lui sont opposables dès lors qu'elles ont leur origine dans le contrat. Il pourrait, toutefois, en être stipulé autrement dans la police d'assurance.

- **Avant sinistre**

Dès ce moment, le créancier a un droit éventuel sur l'indemnité, ce qui lui confère un intérêt actuel à la préservation de l'efficience du contrat (il peut payer la prime à la place de l'assuré, déclarer une aggravation du risque). Mais l'assureur ne peut se voir imposer unilatéralement par le créancier une information sur la cessation du contrat. Alors que, traditionnellement, le créancier pouvait par avance faire opposition entre les mains de l'assureur pour le cas où il y aurait un sinistre, il n'est pas certain que cette faculté subsiste.

b) La victime dans l'assurance de responsabilité

La victime a un privilège sur l'indemnité d'assurance. L'exercice de celui-ci suppose que la créance de la victime a été déterminée. Sur le fond, il est fait application des règles du droit de la responsabilité. En revanche, les modalités de la détermination comportent des particularités (sur les aspects judiciaires, v. titre II).

1) Détermination de la créance de la victime

- **Mise à l'écart de l'assuré**

La police peut comporter des stipulations destinées à mettre l'assuré à l'écart de la détermination de la créance de la victime (art. L. 124-2, C. assur.). Il s'agit d'éviter que, par collusion avec la victime ou par simple ignorance, l'assuré n'accomplisse des actes qui lieraient l'assureur et l'obligeraient à payer des dommages-intérêts qui ne seraient pas dus.

Les actes qui ne sont pas opposables par la victime à l'assureur le demeurent à l'assuré.

L'inopposabilité à l'assureur des actes accomplis par l'assuré n'interdit pas à la victime de faire établir sa créance autrement qu'avec l'aide de ces actes.

• Une première stipulation prévoit qu'une reconnaissance de responsabilité qui émanerait du seul assuré serait inopposable à l'assureur. Ce qui est interdit, c'est l'aveu en tant qu'il pourrait être retenu ensuite comme moyen de preuve. Mais la reconnaissance de la matérialité d'un fait laissant intacte l'appréciation juridique qu'il convient de porter à son égard reste permise. Certains actes, comme le fait de porter secours à la victime, ne sont pas considérés comme des aveux implicites.

• Une seconde stipulation prévoit qu'une transaction intervenue en dehors de l'assureur lui serait inopposable. Toutefois, comme l'assureur de responsabilité ne peut être tenu au-delà de l'obligation de son assuré, il peut dès lors se prévaloir d'une transaction par laquelle celui-ci et sa victime sont convenus d'une limitation du montant du préjudice.

• **Rôle actif de l'assureur**

Traditionnellement les assureurs se réservaient le droit de transiger avec la victime au moyen d'une clause stipulée dans la police. Depuis la loi du 5 juillet 1985, en matière d'accidents de la circulation, l'assureur est tenu de proposer à la victime un règlement amiable.

• La clause de transaction est analysée traditionnellement comme une promesse de mandat, irrévocable, de la part de l'assuré. Mais on ajoute que l'assureur n'est pas obligé de transiger, sous la réserve que son abstention ne soit pas abusive et de nature à causer un préjudice à l'assuré.

Cette analyse n'a aucun sens, car normalement il n'appartient pas à un mandataire d'agir au nom du mandant si bon lui semble (il y aurait là une condition purement potestative).

En réalité, l'assureur transige pour son propre compte (ce qui s'accorde mieux avec le caractère facultatif de la transaction et avec le fait que la victime a sur le plan judiciaire une action directe contre lui), et, par la clause, l'assuré accepte que la transaction lui soit opposable, à toutes fins utiles.

Pour permettre à l'assureur de correspondre avec la victime, la police d'assurance fait toujours obligation à l'assuré de lui transmettre les pièces relatives à la demande de celle-ci.

• L'obligation instituée par la loi du 5 juillet 1985 pour les accidents dans lesquels est impliqué un véhicule terrestre à moteur ne s'applique en principe qu'aux dommages à la personne.

L'offre d'indemnité doit être faite, en principe, dans un délai maximum de 8 mois qui, selon les catégories de victimes, court soit à compter de l'accident, soit à compter de la demande d'indemnisation.

Elle doit comprendre tous les éléments indemnisables du préjudice.

Des pénalités sont prévues à l'encontre de l'assureur qui fait soit une offre tardive, soit une offre manifestement insuffisante. La Cour de cassation a décidé que l'absence d'offre constitue une offre manifestement insuffisante, de telle sorte que, dans ce cas, les sanctions se cumulent.

La victime est libre de refuser l'offre de l'assureur. Au surplus, même si elle a accepté une transaction, elle peut la dénoncer dans les 15 jours de sa conclusion.

2) Privilège de la victime sur l'indemnité d'assurance

L'assureur ne peut payer à un autre que le tiers lésé tout ou partie de la somme due par lui, tant que ce tiers n'a pas été désintéressé (art. L. 124-3, C. assur.).

L'attribution privative est opposable à l'assuré, au cessionnaire de la créance de l'assuré sur l'assureur, aux créanciers de l'assuré.

Mais l'absence de concours avec les créanciers de l'assuré ne concerne pas les autres victimes ayant subi des dommages dans le même sinistre. En cas d'insuffisance de la garantie, il y a lieu à un partage au marc le franc.

Une jurisprudence discutable a longtemps permis à l'assureur de retenir sur l'indemnité revenant à la victime les primes échues au titre du contrat et non payées par l'assuré. Elle est aujourd'hui abandonnée par la Cour de cassation.

L'assureur peut opposer à la victime toutes les exceptions relatives à la garantie qui sont antérieures au sinistre, pris ici comme étant l'événement (ex. : nullité du contrat, exclusion de risques, suspension de la garantie, plafond de garantie). L'antériorité s'apprécie par rapport à la cause de l'exception et non par rapport à son éventuelle affirmation par le juge (une annulation du contrat prononcée par le juge postérieurement à un sinistre reste une exception antérieure à celui-ci).

Les exceptions postérieures au sinistre sont inopposables (déchéance de garantie, résiliation rétroactive). L'assureur indemnise la victime et fait un recours contre l'assuré.

Observation : En assurance de responsabilité automobile, les textes ont institué un régime largement dérogatoire et rendu inopposables des exceptions antérieures au sinistre.

B. Assurances de personnes

L'hypothèse retenue ici est celle de l'assurance sur la vie en cas de décès au profit d'un tiers, pour laquelle sont prévues des dispositions législatives. Certaines de ces dispositions sont applicables, par analogie, à l'assurance contre les accidents corporels.

Observation : Une loi du 5 mars 2007 réformant la protection des majeurs a consacré des dispositions à l'assurance sur la vie. Lorsqu'une curatelle ou une tutelle a été ouverte à l'égard du stipulant, la souscription ou le rachat d'un contrat d'assurance sur la vie ainsi que la désignation ou la substitution du bénéficiaire ne peuvent être accomplies qu'avec l'autorisation du juge des tutelles ou du conseil de famille s'il a été constitué.

L'acceptation du bénéfice d'un contrat sur la vie conclu moins de deux ans avant la publicité du jugement d'ouverture de la curatelle ou de la tutelle du stipulant peut être annulée sur la seule preuve que la capacité était notoire ou connue du cocontractant à l'époque où les actes ont été passés.

1. ATTRIBUTION DU BÉNÉFICE DU CONTRAT

La technique juridique employée est la stipulation pour autrui.

a) Nature de l'attribution

1) Attribution à titre onéreux

C'est le cas lorsque le versement du capital au bénéficiaire apparaît comme le moyen d'éteindre, à l'égard de celui-ci, une dette du stipulant (ex. : un emprunt).

2) Attribution à titre gratuit

Dans ce cas, le stipulant a entendu gratifier le bénéficiaire, sans contrepartie directe ou indirecte de ce dernier.

Selon l'opinion dominante, l'attribution à titre gratuit constitue une libéralité, soumise, comme telle, au régime des libéralités, sauf lorsque la loi en dispose autrement.

b) Conditions de l'attribution

1) Quant à l'auteur de l'attribution

En principe, le droit de désigner le bénéficiaire appartient au souscripteur.

Il est strictement personnel et ne peut être exercé par les héritiers ni par les créanciers du souscripteur.

Le souscripteur ne doit pas être mû par un mobile immoral, la sanction d'un tel mobile étant la nullité de la désignation du bénéficiaire (et non du contrat).

Lorsque le souscripteur contracte sur la tête d'autrui, l'assuré doit également donner son accord à la désignation du bénéficiaire. Mais la police peut conférer au seul assuré le droit de désignation.

2) Quant au bénéficiaire de l'attribution (art. L. 132-8, C. assur.)

- **Principe**

Il faut que le bénéficiaire soit déterminé. Mais il n'est pas nécessaire qu'il le soit au moment de la stipulation ; il suffit qu'il soit déterminé au moment du décès de l'assuré. Par conséquent, la stipulation doit être telle qu'elle fournisse, dès l'origine, les éléments d'une détermination future : on dit que le bénéficiaire doit être déterminable.

- **Présomption légale**

Est considérée comme faite au profit de bénéficiaires déterminés, la stipulation par laquelle le bénéfice de l'assurance est attribué à une ou plusieurs personnes qui, sans être nommément désignées, sont suffisamment définies, dans cette stipulation, pour pouvoir être identifiées au moment de l'exigibilité du capital ou de la rente garantis.

Est notamment considérée comme remplissant cette condition, la désignation comme bénéficiaires des personnes suivantes :
– les enfants nés ou à naître du contractant, de l'assuré ou de toute autre personne désignée ;
– les héritiers ou ayants droit de l'assuré ou d'un bénéficiaire prédécédé.

L'assurance faite au profit du conjoint profite à la personne qui a cette qualité au moment de l'exigibilité.

Observation : La présomption ne porte que sur le caractère déterminé du bénéficiaire et non sur la volonté du souscripteur d'attribuer le bénéfice du contrat. Il faut, par conséquent, que lesdites personnes soient définies comme indiqué ci-dessus.

c) Modalités de l'attribution

1) Moment de l'attribution

La désignation du bénéficiaire peut intervenir à tout moment : depuis la souscription du contrat jusqu'au décès de l'assuré. On peut même penser qu'elle est possible avant la souscription.

2) Moyens d'expression de la volonté de l'auteur de l'attribution

La désignation du bénéficiaire est un acte de volonté unilatéral ne nécessitant pas l'accord de l'assureur.

Il en résulte une extrême variété des moyens d'expression : mention dans la police, mention dans un avenant, testament, lettre adressée à l'assureur, signification à l'assureur selon l'article 1690 du Code civil, endossement lorsque la police est à ordre.

3) Faculté de révocation (art. L. 132-9, C. assur.)

Tant que le bénéficiaire n'a pas accepté l'attribution à son profit, son auteur peut la révoquer ; c'est une faculté strictement personnelle.

La révocation peut être expresse, avec ou sans désignation d'un nouveau bénéficiaire.

Observation : L'assureur non informé de la révocation paie valablement entre les mains de celui dont le droit est révoqué.

4) Nombre de bénéficiaires désignés

Il est possible de désigner plusieurs bénéficiaires, soit sur le même rang, soit substitués les uns aux autres (ex. : le conjoint, à défaut les enfants, à défaut les ascendants, etc.).

S'il y a plusieurs bénéficiaires au même rang, ils partagent l'indemnité par parts égales ; s'il s'agit des héritiers, ils partagent selon leur vocation successorale.

Observation : En l'absence de toute clause de représentation, les héritiers d'un bénéficiaire prédécédé ne viennent pas en concours avec le ou les bénéficiaires survivants.

d) Consolidation de l'attribution

1) Principe

L'acceptation de l'attribution par le bénéficiaire en empêche la révocation. Elle est aussi une condition nécessaire à la réalisation du droit du bénéficiaire.

D'une proposition de loi en cours de discussion au Parlement (octobre 2007), il résulterait que tant que l'assuré et le stipulant sont en vie, ce dernier doit consentir à l'acceptation du bénéficiaire. En revanche, après le décès de l'assuré ou du stipulant, l'acceptation serait libre.

Le droit d'accepter est personnel au bénéficiaire, lorsque l'attribution est à titre gratuit. Lorsqu'elle est à titre onéreux, outre le bénéficiaire, les créanciers et héritiers de ce dernier peuvent accepter.

L'acceptation était, depuis toujours, expresse ou tacite. La loi évoquée ci-dessus empêcherait qu'elle soit tacite (sauf après décès).

Elle peut être donnée à tout moment, dès lors que l'attribution n'a pas été révoquée.

Elle est encore possible après le décès de l'assuré. Toutefois, les héritiers du stipulant peuvent contraindre le bénéficiaire à prendre parti dans les trois mois d'une mise en demeure. Le silence du bénéficiaire est assimilé à un refus.

2) Exceptions

Dans certains cas, malgré l'acceptation, le bénéficiaire va perdre son droit.

- **Révocation**

L'auteur ne peut en être que le contractant dans les hypothèses suivantes : tentative de meurtre de l'assuré par le bénéficiaire (art. L. 132-24, al. 3, C. assur.) ; causes de révocation des donations entre vifs, lorsque l'attribution du bénéfice de l'assurance est à titre gratuit (art. 953 et 1096, C. civ.).

- **Déchéance légale**

Elle intervient lorsque le bénéficiaire a été condamné pour le meurtre de l'assuré. La déchéance n'atteint que le bénéficiaire condamné et non d'autres bénéficiaires. Lorsque l'assureur est dispensé de payer le capital ou la rente garantis, il demeure tenu de verser le montant de la provision mathématique au contractant ou à ses ayants cause.

- **Cas du divorce et de la séparation de corps**

Depuis la réforme (loi du 11 juillet 1975), la situation est assez complexe quant à leur incidence sur l'attribution du bénéfice de l'assurance. Consulter les articles 265 et suivants ainsi que 301 du Code civil.

e) Conséquences de l'absence de bénéficiaire

Les hypothèses sont les suivantes : absence de désignation d'un bénéficiaire déterminé ; nullité de la désignation ; prédécès du bénéficiaire désigné, en cas d'attribution à titre gratuit (si l'attribution est à titre onéreux, les héritiers du bénéficiaire prédécédé recueillent le bénéfice de l'assurance) ; révocation de l'attribution ; refus de l'attribution par le bénéficiaire.

Observation : La désignation de bénéficiaires en sous-ordre diminue le risque d'absence de bénéficiaire. Il peut être intéressant également de faire suivre la révocation de la désignation d'un autre bénéficiaire, chaque fois que cela demeure possible.

Le bénéfice du contrat revient au contractant (art. L. 132-11, C. assur.). Si ce dernier est en même temps l'assuré décédé, le capital ou la rente garantis font partie de sa succession.

Si l'assurance était conclue sur la tête d'un tiers, le contractant lui-même reçoit la prestation de l'assureur. Dans le cas où le contractant est déjà décédé, ses héritiers recueillent le bénéfice de l'assurance à la suite du décès de l'assuré.

2. Droit du bénéficiaire désigné

a) Nature du droit

Le droit du bénéficiaire contre l'assureur est un droit propre et direct ; le bénéficiaire en est réputé seul titulaire depuis le jour du contrat.

Cependant, l'assureur conserve le droit d'opposer au bénéficiaire les exceptions relatives à la garantie, opposables au souscripteur (ex. : déclaration inexacte du risque).

b) Applications

1) Capital

Les héritiers du contractant ne peuvent exiger du bénéficiaire le rapport du capital à la succession, ou sa réduction pour atteinte à la réserve. Sur ce point, la loi écarte le droit commun applicable aux libéralités.

Le capital auquel a droit le bénéficiaire échappe aux poursuites des créanciers du contractant.

Lorsque le bénéficiaire est le conjoint commun en biens, le capital lui échoit à titre de propre.

2) Primes

Si le montant des primes a été normal eu égard aux facultés du contractant, le bénéficiaire est à l'abri de toute poursuite.

Si le montant des primes a été manifestement exagéré, pour la fraction excessive : les héritiers du contractant peuvent exiger le rapport et la réduction ; ses créanciers peuvent exercer l'action paulienne ; son conjoint bénéficiaire, commun en biens, doit récompense à la communauté, lorsque les primes ont été acquittées sur celle-ci.

Selon la Cour de cassation, le caractère manifestement exagéré des primes eu égard aux facultés du contractant s'apprécie au moment du versement, au regard de son âge ainsi que de ses situations patrimoniale et familiale. Si les juges du fond apprécient souverainement ce caractère, il semble que, le cas échéant, en cas de motivation insuffisante, leur décision serait cassée pour défaut de base légale.

§2 - Les tiers débiteurs de l'assureur

Généralités

Il faut éviter que l'assuré, indemnisé par son assureur, ne s'enrichisse en se faisant payer une seconde fois par le tiers responsable ; il ne faut pas que ce dernier bénéficie d'une immunité du fait de l'existence d'une assurance.

L'assureur de dommages, après avoir procédé au règlement de l'indemnité d'assurance, va donc exercer un recours contre le tiers responsable du sinistre, afin de lui faire supporter la charge définitive du règlement.

La loi lui accorde pour cela une subrogation légale dans les droits et actions de l'assuré contre le tiers (art. L. 121-12, C. assur.). Traditionnellement, la jurisprudence décidait qu'aucun autre mode de cession n'est permis, la disposition légale ayant, sur ce point, un caractère d'ordre public. Cependant, plus récemment, la Cour de cassation a déclaré que cette même disposition n'est pas impérative. Certes, c'est pour autoriser l'assureur de choses à se prévaloir d'une subrogation conventionnelle – ce qui ne nuit pas à l'assuré. Mais la formule est générale et pourrait concerner la cession de créance, laquelle défavorise l'assuré par rapport à la subrogation – qu'elle soit légale ou conventionnelle.

La subrogation joue non seulement en assurance de choses, mais également en assurance de responsabilité pour permettre à l'assureur qui a indemnisé la victime d'exercer un recours contre un coauteur de l'assuré. Toutefois, dans ce dernier cas, l'assureur est autorisé à fonder, s'il y trouve un intérêt, son recours sur une subrogation conventionnelle à lui consentie par la victime elle-même. Mais il importe qu'il fasse la preuve de la concomitance de la subrogation et du paiement, laquelle doit être, aux termes de l'article 1250, 1°, du Code civil, spécialement établie, la quittance subrogative à elle seule n'étant pas suffisante.

Elle ne joue pas en matière d'assurance de personnes. Toutefois, dans les contrats garantissant l'indemnisation des préjudices résultant d'une atteinte à la personne, l'assureur peut être subrogé dans les droits du contractant ou des ayants droit contre le tiers responsable, pour le remboursement des prestations à caractère indemnitaire prévues au contrat (art. L. 131-2, al. 2, C. assur.). Il résulte de la jurisprudence que, pour revêtir ce caractère indemnitaire, les prestations doivent être calculées selon les modalités de la responsabilité de droit commun, ce qui est logique, puisqu'elles sont censées représenter, en tout ou en partie, la dette du responsable. Cependant, une telle exigence a été supprimée très récemment par la Cour de cassation, lorsqu'il s'agit d'indemnités journalières ou de prestations d'invalidité. La subrogation joue automatiquement sur le fondement des textes régissant le recours des tiers payeurs.

A. Conditions de la subrogation de l'assureur

1. Existence d'un recours de l'assuré contre le tiers

Le tiers doit être responsable du dommage, au moins en partie.

Le montant de la dette du tiers envers l'assuré constitue la limite de la subrogation. Par conséquent, le partage de responsabilité est opposable à l'assureur.

Si le recours contre le tiers est perdu par le fait de l'assuré – circonstance qui relève de l'appréciation souveraine des juges du fond –, l'assureur est dispensé d'exécuter le contrat à l'égard de ce dernier (art. L. 121-12, al. 2, C. assur.). Il en va ainsi en cas de renonciation de l'assuré à exercer un recours à la fois contre le responsable et contre l'assureur de responsabilité de celui-ci. En revanche, la déchéance n'est pas encourue par l'assuré s'il n'a renoncé qu'au profit du responsable, car cette seule renonciation ne bénéficie pas de plein droit à son assureur.

2. Indemnisation de l'assuré par l'assureur

Seul le paiement de l'indemnité d'assurance à l'assuré dessaisit ce dernier de ses droits contre le tiers. La jurisprudence assouplit toutefois cette condition en appliquant l'article 126, alinéa 1er, du nouveau Code de procédure civile, de sorte que, si l'assureur paie son assuré avant la fin de l'instance au fond, même en cause d'appel, l'irrecevabilité initiale de son action sera rétroactivement effacée. En particulier, l'action ainsi validée lui aura permis d'interrompre la prescription applicable.

Il appartient à l'assureur de justifier par tout moyen du paiement d'une indemnité à son assuré. Habituellement, la preuve du paiement se fait par quittance. Au surplus, lorsque la subrogation est conventionnelle, l'assureur doit prouver la concomitance de celle-ci et du paiement, une quittance subrogative ne faisant pas cette preuve par elle-même.

3. Application du contrat

L'indemnité doit avoir été payée en application du contrat d'assurance, de sorte qu'un paiement fait en dépit de la nullité de celui-ci ou sans qu'il soit tenu compte d'une exclusion de garantie ne peut faire jouer la subrogation légale. En revanche, rien ne s'oppose à la mise en œuvre d'une subrogation conventionnelle.

4. ABSENCE D'IMMUNITÉ AU PROFIT DU TIERS

Contre certains tiers, l'assureur ne peut exercer de recours, soit à cause d'une immunité légale, soit en raison d'une immunité conventionnelle.

a) Immunité légale

- Les bénéficiaires en sont les enfants, descendants, ascendants, alliés en ligne directe, préposés, employés, ouvriers, domestiques de l'assuré, sans condition de cohabitation, ainsi que toutes les personnes, même non mentionnées dans cette liste, dès lors qu'elles vivent habituellement au foyer de l'assuré. La Cour de cassation entend largement la notion de foyer, puisqu'elle l'applique à un collège à l'égard des pensionnaires de celui-ci.
- Le recours redevient permis à l'assureur en cas de malveillance de l'une de ces personnes. Par malveillance, on entend le fait intentionnel.

Précision : Au sujet de l'assurance de la responsabilité d'une personne déclarée civilement responsable de l'auteur d'un fait intentionnel : lorsque l'assureur, après paiement à la victime, exerce un recours contre cet auteur, la Cour de cassation décide que la malveillance doit s'apprécier non à l'égard de la victime mais à l'égard de l'assuré, ce qui revient, en fait, à paralyser systématiquement le recours de l'assureur.

- À l'origine, la Cour de cassation avait décidé que l'immunité bénéficie également à l'assureur de la personne protégée. Mais cette jurisprudence a été abandonnée, l'immunité ne bénéficiant qu'aux personnes visées au texte. Récemment, il a été fait application de cette dernière jurisprudence au bénéfice de l'assureur d'un établissement de santé admis à recourir contre l'assureur d'un praticien salarié, malgré l'immunité dont jouit ce dernier en vertu de la jurisprudence qui écarte la responsabilité personnelle du préposé lorsqu'il a causé un dommage dans l'exercice de ses fonctions.

b) Immunité conventionnelle

L'assureur peut valablement convenir avec l'assuré de renoncer à tout recours contre certains tiers, même si leur responsabilité est de nature délictuelle. De son côté, l'assuré peut renoncer à exercer un recours (cf. *supra*).

Selon la jurisprudence, la renonciation à recours, qu'elle émane de l'assuré ou de l'assureur, n'emporte pas, sauf stipulation contraire, renonciation à recourir contre l'assureur du bénéficiaire de la renonciation.

B. Effets de la subrogation

1. TRANSFERT DES DROITS DE L'ASSURÉ À L'ASSUREUR

a) Conséquences du transfert

Le paiement fait par le tiers responsable à l'assuré est inopposable à l'assureur subrogé, sauf s'il ignorait l'existence de l'assurance ou le paiement de l'indemnité à l'assuré (il peut alors se prévaloir de sa bonne foi).

La créance de réparation est insaisissable entre les mains du tiers par les créanciers de l'assuré.

b) Étendue du transfert

Le transfert s'opère dans les limites de l'indemnité reçue par l'assuré de la part de l'assureur. En conséquence, l'assuré ne peut plus, dans les mêmes limites, agir contre le responsable, règle étendue à la subrogation conventionnelle que l'assureur s'est fait consentir par l'assuré. Inversement, si l'assuré a subi un préjudice complémentaire non réparé par l'assureur, il conserve, pour celui-ci, ses droits contre le tiers, lequel sera exposé à un cumul d'actions. Lorsque la dette du tiers est inférieure aux montants cumulés de la créance de l'assureur et de celle de l'assuré, ce dernier a un droit de préférence par rapport à l'assureur. La jurisprudence la plus récente fonde expressément ce droit de préférence sur l'article 1252 du Code civil, selon lequel la subrogation ne peut nuire au créancier lorsqu'il n'a été payé qu'en partie.

L'assureur subrogé peut exiger du tiers responsable, en plus du principal qu'il récupère, des dommages-intérêts moratoires sur le fondement de l'article 1153 du Code civil. Les intérêts qui lui sont dus courent à compter de la mise en demeure et non, comme l'a jugé assez longtemps la Cour de cassation, depuis la date à laquelle l'assuré a établi une quittance subrogatoire à son profit.

2. Nature des droits transférés

Il n'y a pas de novation des droits contre le tiers. L'assureur n'agit pas en vertu d'un droit propre. Il exerce les droits de l'assuré ; ni plus ni moins.

En conséquence :
– l'assureur peut et doit agir sur le fondement de l'action de l'assuré contre le tiers (et éventuellement contre l'assureur du tiers) ;
– la compétence juridictionnelle est déterminée comme si l'assuré exerçait l'action, même si elle résulte d'une clause dans un contrat international, auquel cas, comme elle fait partie de l'économie de ce contrat, elle s'impose à l'assureur ;
– la prescription est celle de l'action de l'assuré contre le tiers, et, le cas échéant, par l'effet de la subrogation l'assureur bénéficie de l'interruption qui aurait été le fait de l'assuré lui-même ;
– les exceptions opposables par le tiers à l'assuré le sont à l'assureur, dès lors qu'elles sont antérieures à la subrogation. Par exemple, si une transaction a eu pour effet de priver l'assuré de tout droit à réclamation envers son locataire et l'assureur de celui-ci, la quittance subrogative ne peut transmettre à son assureur un droit inexistant.

TITRE II
Contentieux de la relation

> CHAPITRE I
RÈGLES GÉNÉRALES

> SECTION 1
Les types de litiges

Généralités

Fondamentalement, le litige en matière d'assurance ne se présente pas autrement que dans les autres matières. Afin de trancher la contestation, le juge devra apprécier les preuves qui lui sont soumises pour établir les faits, et se livrer à une interprétation de la loi ou du contrat, qualifier des faits, des actes ou des situations.

Une présentation synoptique des types de litiges permet de faire rapidement le tour des principales difficultés que suscite la relation d'assurance (réserve faite de ce qui touche à la présence de la victime dans l'assurance de responsabilité, v. chapitre II).

§1 - LITIGES RELATIFS À LA PREUVE

A. Preuve en matière de contrat

1. EXISTENCE ET CONTENU DU CONTRAT

Dès lors que l'on distingue la preuve du contrat de la preuve que le sinistre rentre dans les prévisions de celui-ci, on constate que les litiges à son sujet sont relativement rares.

Au surplus, certains litiges intéressant la formation du contrat sont plutôt des litiges de qualification (ex. : tel acte de l'assureur, dont l'existence n'est pas contestée, peut-il être qualifié d'acceptation de la proposition d'assurance ?).

a) Charge de la preuve

Il est fait application du droit commun de l'article 1315 du Code civil. La charge de la preuve pèse sur le demandeur à l'action ou à l'exception.

Tantôt, il s'agit de l'assureur, lorsqu'il veut, par exemple, avoir paiement de la prime (mais si, l'assureur ayant établi l'existence du contrat, l'assuré prétend qu'il l'a résilié, il lui appartiendra de prouver la résiliation).

Tantôt, il s'agit de l'assuré ou plus généralement du bénéficiaire de l'indemnité qui réclame à l'assureur l'exécution du contrat. Le fait que l'assuré apporte la preuve de l'existence d'un contrat ne le dispense pas de l'obligation d'apporter également la preuve littérale et suffisante du contenu de celui-ci, au besoin en produisant la police.

Lorsque le bénéfice du contrat qui a été souscrit auprès d'un assureur de responsabilité est invoqué, non par l'assuré, défaillant, mais par la victime du dommage, laquelle est un tiers, il incombe à cet assureur de démontrer, en versant le contrat aux débats, qu'il ne doit pas sa garantie pour le sinistre objet du litige.

En matière d'assurance de responsabilité automobile, la remise par l'assureur d'une attestation d'assurance (rôle également joué par la carte verte) emporte, aussi bien envers l'assuré qu'envers la victime, présomption de l'existence du contrat et d'un contenu entraînant la garantie du sinistre à l'occasion duquel elle a été exhibée.

Par contre, sur un plan général, dans les rapports entre l'assureur et l'assuré, les attestations d'assurance ne peuvent prévaloir sur les dispositions contractuelles de la police.

b) Modes de preuve

Le contrat d'assurance doit être prouvé par écrit.

Si la police, l'avenant et la note de couverture sont les écrits couramment utilisés, tout autre écrit peut servir de preuve dès lors qu'il émane de celui auquel on veut l'opposer.

Il peut n'être produit en justice, par l'assureur, qu'une photocopie de la police, si les autres parties n'allèguent pas le défaut de conformité entre cette photocopie et l'original de la police.

La preuve testimoniale est exclue, même au-dessous de 1 500 €.

La preuve par le serment et par l'aveu demeure possible, l'hypothèse pratique étant celle de l'aveu tacite.

Un commencement de preuve par écrit est susceptible d'être complété par des témoignages ou des présomptions.

2. Déroulement du contrat

Tous les modes de preuve sont en principe admissibles. En particulier, lorsque la loi exige pour l'accomplissement d'un acte l'emploi de la lettre recommandée et que la jurisprudence voit dans celle-ci un simple instrument de preuve, tout autre mode de preuve peut être utilisé.

La charge de la preuve obéit au droit commun, mais, dans l'application de celui-ci, on peut penser que la classification suivante recouvre assez bien son attribution effective.

- Lorsque la décision du juge est conditionnée par l'accomplissement d'un acte duquel il doit tirer la conséquence prévue par la loi, la preuve pèserait sur celui qui devait accomplir cet acte.

Exemples : il appartient à l'assuré qui veut échapper à une déchéance de garantie, d'établir qu'il a remis la déclaration de sinistre à l'assureur dans le délai (v. toutefois la distinction faite par la Cour de cassation, *supra* p. 87) ; il appartient à l'assuré qui veut être déchargé comme garant du paiement des primes à échoir après l'aliénation de la chose assurée, de prouver qu'il a informé l'assureur de l'aliénation ; il appartient à l'assuré qui prétend avoir déclaré une aggravation de risque à l'assureur, d'en rapporter la preuve ; il appartient à l'assureur qui invoque la suspension de la garantie pour défaut de paiement de la prime, de prouver qu'il a envoyé la lettre recommandée de mise en demeure, etc.

- Lorsque l'appréciation du juge porte sur les caractéristiques d'une situation existante, susceptibles de produire tel effet de droit, la charge de la preuve de ces caractéristiques pèserait sur celui qui les invoque à son profit.

Exemples : l'assureur qui prétend qu'une déclaration du risque est inexacte, doit faire la preuve de l'inexactitude ; l'assuré n'ayant pu établir avoir adressé la déclaration de sinistre dans le délai (situation existante), il appartient à l'assureur, qui veut faire jouer la déchéance de garantie, d'établir que le manquement de l'assuré lui a causé un préjudice; si l'assuré invoque une cessation définitive d'activité professionnelle pour motiver la résiliation unilatérale du contrat d'assurance, il doit faire la preuve de cette circonstance et de la condition que la loi y ajoute, etc.

B. Preuve en matière de sinistre

1. Les circonstances

La preuve en ce domaine concerne des circonstances en rapport avec la garantie, l'assureur prétendant que celle-ci n'est pas acquise, tandis que le demandeur soutient le contraire.

La jurisprudence répartit équitablement la charge de la preuve.

Il appartient au demandeur de faire la preuve de la survenance de l'événement assuré et des circonstances dont le contrat fait une condition de la garantie.

Si l'assureur invoque une exclusion, c'est à lui de faire la preuve des circonstances justifiant l'application de celle-ci.

Observation : La différence est parfois difficile à faire en pratique entre l'exclusion et l'absence d'une condition de la garantie (v. toutefois la précision donnée par la Cour de cassation, *supra* p. 68).

2. Le dommage

Même si le litige se termine par une constatation ou une évaluation du juge, celui-ci ne se détermine toujours qu'en considération des preuves qui lui ont été apportées. Faute de preuve, il conclura à l'absence de préjudice.

La charge de la preuve pèse toujours sur le demandeur.

Pour les dommages matériels, en particulier, il lui appartient de faire la preuve de l'existence de la chose au moment et au lieu du sinistre, ainsi que la valeur de celle-ci ou le coût des réparations.

3. Le paiement de l'indemnité

Il appartient à l'assureur qui se prétend libéré par le paiement de l'indemnité d'en rapporter la preuve. Ainsi, s'il a payé entre les mains d'un courtier, il doit justifier que ce dernier avait un mandat d'encaissement de l'indemnité.

§ 2 - Litiges relatifs à l'interprétation

A. L'interprétation de la loi

De même qu'elle l'avait fait après la loi du 13 juillet 1930, la jurisprudence est amenée, après chaque réforme, à devoir interpréter les textes nouveaux.

L'importance de cette tâche est à la mesure de la médiocrité du travail législatif. À cet égard, le nombre élevé des problèmes laissés en suspens par la loi du 31 décembre 1989, dernière grande (?) loi en date, est hors de proportion avec le nombre des articles touchés par la réforme.

B. L'interprétation du contrat

1. LIGNE GÉNÉRALE

Elle relève du pouvoir souverain des juges du fond comme il est de règle en général.

Cependant, en présence de clauses d'usage généralisé, la Cour de cassation s'efforce de parvenir à une harmonisation (ex. : en l'absence d'une définition de l'introduction clandestine dans l'assurance vol, la Cour a défini celle-ci et elle va même jusqu'à interpréter sa propre définition).

Les juges du fond ne peuvent dénaturer des clauses claires et précises, quand même leur application au cas de l'espèce leur paraîtrait-elle injuste.

2. SITUATIONS PARTICULIÈRES

- Lorsque le doute naît de la contradiction entre une clause des conditions générales et une clause des conditions particulières, les tribunaux font prévaloir la seconde, car elle est censée mieux représenter la volonté des parties. De même, une clause des conditions particulières l'emporte sur une clause des « conventions spéciales », tandis que ces dernières prévalent sur les conditions générales.
- En présence de deux clauses contradictoires de même nature, les tribunaux font prévaloir le sens qui avantage l'assuré, du moins lorsqu'il s'agit de clauses dont les termes n'ont pas été débattus parce que prédéterminés.
- La Cour de cassation fait application de l'article L. 133-2, alinéa 2, du Code de la consommation au contrat d'assurance. Par conséquent, les clauses des contrats proposés par les professionnels aux consommateurs ou non-professionnels s'interprètent, en cas de doute, dans le sens le plus favorable au consommateur ou au non-professionnel.
- Il faut rappeler que la Cour de cassation décide que, si une clause d'exclusion doit être interprétée, par hypothèse elle n'est ni claire ni précise de sorte qu'elle doit être annulée par application de l'article L. 113-1 du Code des assurances (cf. *supra*, p. 68).

§3 - LITIGES RELATIFS À LA QUALIFICATION

Ces litiges ne doivent pas être confondus avec ceux qui portent sur la preuve, la distance étant parfois assez courte.

Les litiges de qualification sont très nombreux.

Exemples : telle circonstance nouvelle est-elle une circonstance aggravante du risque? Tel décès est-il un accident corporel? Telle expertise est-elle interruptive de la prescription biennale? Tel paiement fait par l'assureur est-il de bonne foi?

> SECTION 2

L'action en justice

§1 - PRESCRIPTION

Les actions dérivant d'un contrat d'assurance se prescrivent par deux ans à compter de l'événement qui y donne naissance (art. L. 114-1, C. assur.). Bien que le Code des assurances soit muet à ce sujet, la jurisprudence décide, par application du droit commun, que la prescription ne court pas contre les mineurs et les majeurs en tutelle.

Exception : la prescription est portée à dix ans dans les assurances sur la vie lorsque le bénéficiaire est une personne distincte du souscripteur, et, dans les assurances contre les accidents corporels, lorsque les bénéficiaires sont les ayants droit de l'assuré décédé.

La Cour de cassation a décidé que l'assureur peut être déchu du droit d'invoquer la prescription, lorsque, par des manœuvres frauduleuses, il a détourné le bénéficiaire de l'indemnité d'agir contre lui avant l'expiration du délai.

La police d'assurance doit rappeler les dispositions de la loi concernant la prescription biennale. La Cour de cassation en a déduit que l'inobservation de cette disposition est sanctionnée par l'inopposabilité de la prescription à l'assuré. Toutefois, elle considère qu'il suffit, dans la clause, de faire état de la prescription sans qu'il soit nécessaire de donner des précisions sur son régime, en particulier sur les causes d'interruption.

Observation : Une récente proposition de loi (août 2007) porte réforme de la prescription civile. Elle est susceptible d'avoir des répercussions, directes ou indirectes, sur la prescription biennale, laquelle cependant n'est pas supprimée.

A. Nature de la prescription biennale

• La prescription biennale n'est pas une prescription entièrement spéciale ; c'est une prescription de droit commun assortie seulement de quelques dispositions particulières qui ont, de ce fait, un caractère exceptionnel.

En conséquence, il faut continuer d'appliquer le droit commun de la prescription, chaque fois que le Code des assurances n'y déroge pas (ex. : application des art. 2220, 2223, 2224, C. civ.). C'est ainsi qu'il est possible de renoncer à une prescription acquise, la renonciation n'ayant pas pour effet de faire courir un nouveau délai.

• Bien qu'elle soit courte, la prescription biennale est considérée comme une prescription d'intérêt général et non comme fondée sur une présomption de paiement.

En conséquence, après une interruption, l'interversion des prescriptions ne se produit pas, le nouveau délai étant de deux ans (au demeurant, la proposition de loi supprime, d'une manière générale, l'interversion consécutive à l'interruption d'une prescription).

Passé le délai de deux ans, le créancier ne peut faire la preuve, par l'aveu ou le serment, qu'il n'a pas été rempli de ses droits.

B. Domaine de la prescription biennale

La prescription biennale ne s'applique qu'aux actions dérivant du contrat d'assurance.

1. Actions dérivant du contrat d'assurance

a) Actions de l'assureur

– Action en paiement des primes.

– Action récursoire contre l'assuré, lorsque l'assureur a dû payer l'indemnité de sinistre à la victime par suite de l'inopposabilité d'une déchéance de garantie ou de la réduction proportionnelle de l'article L. 113-9 du Code des assurances ; lorsque l'assuré a fait perdre la subrogation de l'assureur.

– Action en nullité du contrat et action en répétition des indemnités de sinistre consécutive à l'annulation.

– Action en répétition d'une indemnité de sinistre que l'assureur aurait payée par erreur. Mais la Cour de cassation a mis comme condition que le caractère indu doit résulter d'une stipulation de la police. Ce qui n'est pas le cas pour une action en répétition de l'indu fondée sur le caractère intentionnel du sinistre de la part de l'assuré ou destinée à faire respecter le principe indemnitaire.

b) Actions de l'assuré

– Action en règlement de l'indemnité de sinistre contre l'assureur (extension à l'action du bénéficiaire d'une stipulation pour autrui).
– Action en responsabilité contre l'assureur, en cas de mauvaise exécution de la clause de transaction ou de direction du procès en assurance de responsabilité et plus généralement toute action en responsabilité, dès lors qu'elle a un fondement contractuel (cf. *infra*).

Observation : La prescription n'atteint que l'action dérivant du contrat d'assurance et ne peut être étendue au moyen de défense opposé à une telle action. La jurisprudence admet donc la survie de l'exception de nullité au-delà du délai de deux ans (même si c'est pour l'opposer à l'action directe de la victime), ainsi que de l'exception de compensation.

2. Actions ne dérivant pas du contrat d'assurance

La prescription de droit commun s'applique à ces actions.
– Action de la victime contre l'assuré (assurance de responsabilité).
– Action de l'assureur, subrogé dans les droits de son assuré, contre le tiers responsable.
– Action directe de la victime contre l'assureur de responsabilité.
– Action des créanciers munis de sûretés sur la chose assurée.
– Action récursoire entre assureurs, en matière d'assurances cumulatives.
– Action dérivant des rapports du souscripteur d'une assurance de groupe et d'un adhérent.
– Action de l'assuré en restitution des primes après annulation du contrat.
– Action de l'assuré contre l'assureur en raison d'un manquement à son obligation précontractuelle d'information et de conseil à l'égard de la personne qui souhaite souscrire un contrat d'assurance ou y adhérer.

C. Régime de la prescription biennale

1. Calcul du délai

Le calcul s'effectue de date à date. Le jour de l'événement donnant naissance à l'action ne compte pas; la prescription est acquise le dernier jour du délai à 24 heures.

2. Suspension de la prescription

Rappel : c'est la neutralisation d'une certaine période au cours de laquelle la prescription ne court pas. Le temps écoulé avant la suspension n'est pas effacé.

Soit le point de départ de la prescription se trouve retardé jusqu'à la fin de la période de suspension; soit, en cours de délai, survient une cause de suspension.

a) Règles générales

En application de la règle *contra non valentem*, la prescription est suspendue à l'égard de celui dont l'action se heurte à un obstacle insurmontable. Cette cause de suspension, admise traditionnellement par la jurisprudence, est consacrée par la proposition de loi évoquée précédemment, l'empêchement pouvant résulter soit de la loi, soit de la convention, soit de la force majeure.

La même proposition de loi prévoit que le délai de prescription est suspendu « tant que les parties négocient de bonne foi », alors que, traditionnellement, la jurisprudence décide que l'existence de pourparlers ne constitue pas un obstacle insurmontable caractéristique de l'impossibilité d'agir. En revanche, la réforme, si elle était adoptée, ne remettrait pas en cause la jurisprudence selon laquelle l'ouverture, à l'initiative de l'assureur, d'une information pénale contre l'assuré ne met pas celui-ci dans l'impossibilité d'agir.

La Cour de cassation a décidé que la modification par convention de la durée de la prescription biennale est interdite. Par voie de conséquence, elle juge que les parties ne peuvent convenir de suspendre la prescription. La proposition de réforme confirme cette jurisprudence, puisqu'un nouvel article L. 114-3 serait introduit dans le Code des assurances, selon lequel « les parties au contrat ne peuvent, même d'un commun accord, ni modifier la durée de la prescription, ni ajouter aux causes de suspension ou d'interruption de celle-ci ».

Observation : V. autre observation *infra*, p. 112.

b) Applications particulières expressément prévues

1) Déclaration irrégulière du risque

La prescription est suspendue tant que l'assureur n'a pas eu connaissance du caractère irrégulier de la déclaration.

2) Action en paiement de l'indemnité de sinistre

La prescription ne court que du jour où l'intéressé (assuré, tiers bénéficiaire) a eu connaissance du sinistre.

Cette règle est étendue à l'ignorance de l'existence de l'assurance (mais, dans une assurance pour compte, il s'agit de la date à laquelle l'assuré a eu connaissance de l'identité de l'assureur et non de l'existence du contrat) et à l'ignorance du fait que l'événement garanti était de nature à entraîner le jeu de l'assurance.

3) Action en garantie de l'assuré contre l'assureur ayant pour cause le recours d'un tiers

Cette règle particulière s'appliquait à l'origine aux assurances de responsabilité, la loi disposant que :
– lorsque l'assuré indemnise lui-même la victime, la prescription de son action contre l'assureur ne court qu'à compter du jour du paiement à la victime ;
– lorsque l'assuré est assigné en justice par la victime, la prescription court du jour de l'assignation en justice (et non de la décision définitive de condamnation). La Cour de cassation fait produire le même effet à l'assignation en référé-expertise.

Aujourd'hui, la Cour de cassation décide en termes généraux que la règle n'est pas limitée à la mise en œuvre des assurances de responsabilité. Avant cela, elle en avait fait une application ponctuelle à l'action en garantie d'un emprunteur, assuré sur la vie, contre l'assureur, lorsque cette action a pour cause le recours du créancier (ordinairement un organisme de crédit). Toutefois, dans le dernier état de sa jurisprudence, elle fonde cette solution sur le premier alinéa de l'article L. 114-1 en opérant un glissement vers la qualification de l'action de l'organisme de crédit, laquelle est l'un des faits générateurs possibles de l'action de l'assuré contre l'assureur, l'autre étant le refus de garantie de l'assureur s'il est antérieur.

3. Interruption de la prescription

Rappel : c'est l'anéantissement du délai de prescription qui a déjà couru, à la suite de la survenance d'une cause déterminée par la loi. Cette cause doit être survenue avant l'expiration du délai.

À partir de l'interruption, s'ouvre un nouveau délai de deux ans.

a) Causes d'interruption du droit commun

L'article L. 114-2 du Code des assurances renvoie expressément à ces causes.

Il s'agit de la citation en justice, même en référé ou en simple appel en déclaration de jugement commun (l'effet interruptif dure jusqu'à la décision définitive) ; du commandement ou de la saisie (art. 2244 et s., C. civ.) ; de la reconnaissance par le débiteur du droit de celui contre lequel il prescrivait (art. 2248, C. civ.) (importance de la reconnaissance tacite induite d'un comportement non équivoque ; ex. : versement d'une provision à l'assuré).

La reconnaissance même partielle entraîne pour la totalité de la créance un effet interruptif de prescription qui ne peut se fractionner. L'acte interruptif résultant d'une reconnaissance par le débiteur du droit du créancier n'a pas pour effet de le frapper d'une déchéance du droit d'invoquer la nouvelle prescription.

Observation : La réforme évoquée précédemment fait de la citation en justice non plus une cause d'interruption de la prescription mais une cause de suspension, celle-ci se prolongeant jusqu'à la décision définitive.

b) Causes d'interruption propres au contrat d'assurance

1) La désignation d'expert à la suite d'un sinistre

Elle interrompt la prescription de l'action en paiement de l'indemnité de sinistre, à condition d'être intervenue dans les rapports entre l'assureur et l'assuré. L'interruption a lieu pour tous les chefs de préjudice qui sont résultés du sinistre, alors même que l'expertise ne porterait que sur certains d'entre eux.

Elle peut être amiable ou judiciaire. Lorsque l'expert a été désigné dans une instance entre la victime et l'assuré, la désignation ne peut interrompre le délai de prescription de l'action en garantie contre l'assureur de responsabilité, qu'à la condition que ce dernier ait été appelé dans la procédure. De même, en cas d'expertise amiable, l'interruption n'a d'effet contre l'assureur que si ce dernier a été convoqué ou a participé aux opérations d'expertise.

La Cour de cassation entend largement la notion d'expert : toute désignation d'un technicien, par une compagnie d'assurances, à la suite d'un sinistre, constitue la désignation d'un expert. Cependant, la demande faite par l'assureur à un organisme de lutte contre la fraude à l'assurance ne peut être assimilée à la désignation d'un expert.

La désignation de l'expert a pour seul effet d'interrompre la prescription et non d'en suspendre les effets pendant la durée des opérations d'expertise. Par conséquent, elle recommence à courir du jour de la désignation de l'expert et non du dépôt du rapport.

2) L'envoi d'une lettre recommandée avec AR

Adressée par l'assureur, elle interrompt la prescription de l'action en paiement des primes.

Adressée par l'assuré, elle interrompt la prescription de l'action en paiement de l'indemnité de sinistre. Elle peut valablement être adressée par le mandataire de l'assuré, en particulier son assureur de protection juridique.

L'exigence de la lettre recommandée avec AR est une formalité substantielle. Une lettre recommandée sans AR n'interrompt pas la prescription ; idem pour une lettre, recommandée ou simple, même si l'assureur en a accusé réception.

§2 - Compétence juridictionnelle

A. Compétence territoriale

• Le tribunal compétent est celui du domicile de l'assuré (art. R. 114-1).

Cette règle est limitée aux instances relatives à la fixation et au règlement des indemnités.

• Elle est d'ordre public, et, en tant que règle spéciale, elle écarte la disposition générale de l'article 48 du nouveau Code de procédure civile, laquelle reconnaît la validité des clauses dérogatoires entre commerçants.

• Elle comporte des exceptions : pour les immeubles et meubles par nature, le tribunal compétent est celui de la situation des objets assurés ; dans les assurances contre les accidents, l'assuré peut assigner devant le tribunal du lieu où s'est produit le fait dommageable (mais ce n'est qu'une faculté qui laisse compétence facultative au tribunal du domicile de l'assuré).

B. Compétence d'attribution

• Le Code des assurances n'ayant prévu aucune disposition particulière, il convient d'appliquer le droit commun.

Mais certaines juridictions ne sont jamais compétentes pour statuer sur le contentieux du contrat d'assurance (alors qu'elles le sont sur le contentieux de la responsabilité) : juridictions administratives, tribunal paritaire des baux ruraux. Par exception, les contrats d'assurance conclus par une personne publique, soumis au Code des marchés publics, ont le caractère de contrats administratifs par détermination de la loi, de sorte que les litiges relatifs à leur exécution relèvent de la compétence de la juridiction administrative (application de la loi Murcef du 11 décembre 2001).

• Ont toujours été considérées comme compétentes : les juridictions civiles et la juridiction commerciale. La prorogation de compétence ne peut s'exercer qu'au bénéfice du tribunal de grande instance.

• Longtemps considérées comme incompétentes, les juridictions pénales se sont vues conférer certains pouvoirs, par la loi du 8 juillet 1983, afin de statuer sur les exceptions de non-garantie soulevées devant elle à l'occasion de l'intervention de l'assureur lors des poursuites engagées contre l'assuré.

1. Répartition entre juridiction civile et juridiction commerciale

Il convient de se placer par rapport au défendeur.

a) Assureur défendeur

- Les sociétés mutuelles sont justiciables des juridictions civiles.
- Les sociétés anonymes sont justiciables de la juridiction commerciale. Toutefois, si le contrat est civil à l'égard de l'assuré demandeur, ce dernier a le choix entre juridiction civile et juridiction commerciale.

b) Assuré défendeur

- Si le contrat est civil pour l'assuré, la juridiction civile est exclusivement compétente.
- Si le contrat est commercial pour l'assuré, la juridiction commerciale est seule compétente lorsque l'assureur est une société anonyme ; lorsque ce dernier est une société mutuelle, il peut opter pour la juridiction civile.

2. Répartition entre tribunal de grande instance et tribunal d'instance

Le critère de répartition est la valeur de l'intérêt du litige.

> CHAPITRE II

PARTICULARITÉS DE L'ASSURANCE DE RESPONSABILITÉ

Généralités

Les particularités viennent de ce que la victime s'introduit dans la relation d'assurance existant entre l'assureur et l'assuré. Or cette intrusion ne va pas sans créer des perturbations. Plusieurs rentrent en ligne de compte.

D'une part il n'est pas possible d'interdire à la victime d'agir contre le seul assuré qu'elle considère comme responsable. Mais il faut alors trouver des accommodements pour que l'assureur ne soit pas tenu à l'écart de ce procès. Et, lorsque l'assureur a, au préalable, manifesté un refus de garantir, il faut permettre à l'assuré de procéder contre lui afin que ce litige soit réglé.

D'autre part, pour permettre à la victime de faire valoir plus efficacement son privilège sur l'indemnité d'assurance, il fallait lui permettre d'agir directement contre l'assureur.

Ainsi, il existe trois ordres de procès, parfois éclatés en trois instances autonomes, parfois regroupés dans une même instance.

> SECTION 1

Le procès entre la victime et l'assuré

Généralités

Les polices avaient coutume de stipuler une clause par laquelle l'assuré donnait à l'assureur le mandat de diriger le procès engagé contre lui. Cependant, les effets de cette clause étaient limités lorsque l'action civile était portée devant une juridiction pénale.

À la suite de la loi du 8 juillet 1983, la tendance s'est trouvée inversée puisque, devant les juridictions pénales, l'assureur dispose, désormais, d'un pouvoir légal d'intervention du moins dans certains cas.

§1 - LA CLAUSE DE DIRECTION DU PROCÈS

A. Mécanisme général

La procédure se déroule sous le nom de l'assuré. L'assureur est à l'abri de l'incurie de l'assuré qui sait ne pas avoir à supporter les conséquences du sinistre.

L'assureur a la faculté de ne pas diriger le procès. Il pourrait même avoir intérêt à s'abstenir dans certains cas, car, s'il dirige le procès intenté à l'assuré, il est censé avoir renoncé à toutes les exceptions dont il avait connaissance à ce moment (art. L. 113-17). Ayant à interpréter ce texte, la Cour de cassation en a élargi le domaine quant aux instances

– elle y inclut le procès en référé –, mais l'a limité quant aux exceptions – ne sont pas concernées celles relatives à la nature et au montant des garanties. En outre, elle décide que la renonciation suppose que l'assureur n'a émis aucune réserve sur sa garantie.

Si l'assureur use de la faculté, l'assuré ne peut s'immiscer dans la direction du procès. L'immixtion pourrait être sanctionnée par une déchéance de garantie, sauf si l'assuré avait intérêt à cette immixtion (même art.).

L'assureur peut être responsable du dommage subi par l'assuré en cas de faute dans l'exécution du mandat.

La jurisprudence décide que, pendant le temps de la direction de procès, la prescription de l'action de l'assuré contre l'assureur est suspendue.

B. Contenu du pouvoir de direction

Le pouvoir de direction comporte le droit pour l'assureur de :
- choisir l'avocat et lui donner toutes instructions en vue de la défense ;
- solliciter toutes mesures utiles (expertise, enquête) ;
- mettre des tiers en cause ;
- exercer ou refuser d'exercer les voies de recours.

L'assuré ne peut s'opposer à l'appel principal décidé par l'assureur.

Si l'assureur refuse de faire appel, il renonce au pouvoir de direction. L'assuré retrouve la maîtrise du procès. L'assureur bénéficiera d'une réformation favorable. Dans l'hypothèse contraire, l'assuré agit à ses risques et périls, et il doit supporter les conséquences d'une réformation défavorable.

§2 - L'intervention de l'assureur dans le procès pénal

• Lorsque des poursuites pénales sont exercées, l'assureur appelé à garantir les dommages causés par le prévenu est admis à intervenir et peut être mis en cause devant la juridiction répressive, même pour la première fois en cause d'appel.

• L'intervention, volontaire ou forcée, n'est admise que sur poursuites pour homicide ou blessures involontaires. L'assureur d'une personne non poursuivie ne peut être mis en cause, quand même cette personne serait-elle impliquée dans l'accident.

• Le tribunal répressif est compétent pour se prononcer sur l'exception relative à la garantie lorsqu'elle est soulevée par l'assureur pour demander sa mise hors de cause. Il faut cependant qu'elle soit de nature à entraîner l'exonération totale de l'assureur à l'égard des tiers. Si le prévenu n'est pas le souscripteur, l'absence de mise en cause de ce dernier par l'assureur rend l'exception irrecevable.

• Si l'assureur mis en cause n'intervient pas au procès, il est réputé renoncer à toute exception ; toutefois, s'il est établi que le dommage n'est pas garanti par l'assureur prétendu, celui-ci est mis hors de cause par le tribunal.

• En ce qui concerne les débats et les voies de recours, les règles concernant les personnes civilement responsables sont applicables à l'assureur du prévenu. L'appel de l'assureur produit effet à l'égard de l'assuré en ce qui concerne l'action civile.

• La décision concernant les intérêts civils est opposable à l'assureur qui est intervenu au procès ou a été avisé dans les formes requises. Mais la juridiction pénale ne peut le condamner à indemniser la victime. Toutefois, si une condamnation irrégulière ne fait pas grief à l'assureur, celui-ci est irrecevable à faire un pourvoi de ce chef.

> SECTION 2

Le procès entre l'assuré et l'assureur

§1 - Le procès sous forme d'action principale

Il faut supposer que l'assuré a lui-même indemnisé la victime, soit à l'amiable, soit à la suite d'un procès dans lequel il n'a pas appelé l'assureur en garantie.

Application est faite des règles générales relatives au contrat d'assurance tant en ce qui concerne la prescription que la compétence.

§2 - Le procès sous forme d'appel en garantie

L'assuré, assigné par la victime, attrait l'assureur devant la même juridiction pour lui réclamer l'exécution du contrat à son seul profit, aucun lien de procédure entre l'assureur et la victime ne découlant de l'appel en garantie.

Il faut que la juridiction saisie de l'action en responsabilité contre l'assuré soit compétente à l'égard du contrat d'assurance. La loi du 8 juillet 1983 ne paraît pas permettre à l'assuré d'obliger l'assureur à intervenir devant la juridiction répressive pour qu'il soit condamné à le garantir.

Observation : Dans le cas de pluralité de victimes, la décision intervenue lors d'une première instance entre l'assuré et l'assureur sur la garantie du contrat a l'autorité de la chose jugée sur d'éventuelles autres instances entre les mêmes (mais non à l'égard d'une victime exerçant l'action directe).

> SECTION 3

Le procès entre la victime et l'assureur

Généralités

Sous l'empire de la loi de 1913, qui accordait déjà à la victime un privilège sur l'indemnité d'assurance, la jurisprudence reconnut à cette dernière une action directe contre l'assureur de responsabilité.

L'action directe ne trouve pas son fondement dans le contrat d'assurance, mais dans le fait dommageable et le droit à réparation de la victime, qui se cristallise en quelque sorte au jour de la survenance du dommage. Toutefois, l'action directe s'exerce dans les limites du contrat.

§1 - Conditions de l'action directe

A. Quant aux parties

Peuvent exercer l'action directe :
– la victime directe ;
– ses ayants droit pour leur préjudice personnel ;
– ses héritiers à titre successoral ;
– les personnes légalement subrogées à l'une des précédentes (ex. : assureur de dommages, tiers payeurs selon la loi du 5 juillet 1985, coauteur *solvens*). Mais il faut que celui qui invoque la subrogation ait déjà indemnisé la victime. Toutefois, en s'appliquant à distinguer l'appel en garantie de l'action directe, la Cour de cassation autorise le premier sans que l'appelant ait à justifier qu'il a déjà payé la victime.

Le défendeur est l'assureur.

B. Quant à l'obligation de l'assureur

1. Nécessité d'une dette de l'assuré

a) Dette préalablement établie

Il faut supposer qu'au cours d'un procès entre la victime et l'assuré, celle-là a obtenu une condamnation de celui-ci à lui payer des dommages-intérêts mais n'a pu obtenir l'exécution de la décision.

La jurisprudence décide que cette dernière est opposable à l'assureur, même s'il était absent de l'instance, en tant qu'elle constitue la réalisation du risque prévu au contrat, sauf en cas de fraude de l'assuré. Mais, lorsque la décision émane d'une juridiction pénale, depuis la loi du 8 juillet 1983 il faut compter avec les conditions de l'opposabilité prévues par celle-ci.

Les règles sur l'opposabilité de la décision ont pratiquement ôté tout intérêt à la question de l'autorité proprement dite de la chose jugée de cette même décision à l'égard de l'assureur.

b) Dette non établie

Dans ce cas, l'action directe revêt un double aspect : elle est à la fois une action déclarative de la responsabilité de l'assuré et une action en exécution du contrat.

Pendant très longtemps, la jurisprudence a exigé que l'assuré soit mis en cause par le demandeur. Maintenant ce n'est plus le cas, la Cour de cassation ayant jugé que la recevabilité de l'action directe n'est pas subordonnée à l'appel en la cause de l'assuré par la victime.

2. Nécessité d'une garantie du contrat d'assurance

Les particularités concernent la preuve en raison de ce que la victime ne détient pas la police d'assurance.

De la jurisprudence, il résulte que la victime doit faire la preuve de l'existence du contrat, mais, si l'assureur conteste sa garantie, il lui appartient de prouver le bien-fondé de sa contestation en produisant la police d'assurance.

En assurance de responsabilité automobile, la preuve de l'existence du contrat est facilitée, puisqu'il suffit d'établir que l'auteur de l'accident a exhibé une attestation, laquelle emporte une présomption d'assurance.

§2- EXERCICE DE L'ACTION DIRECTE

A. Prescription

L'action directe ne trouvant pas son fondement dans le contrat d'assurance mais dans la loi, ce n'est pas la prescription biennale qui s'applique, mais la prescription de droit commun applicable à l'action de la victime contre l'assuré. La Cour de cassation décide que, si l'action en responsabilité contre l'assuré a été engagée dans le délai de cette prescription, l'action directe peut encore être engagée tout pendant que l'assureur est exposé au recours de son assuré.

B. Compétence juridictionnelle

1. COMPÉTENCE TERRITORIALE

Contrairement à ce que décidait naguère la jurisprudence, la victime n'est plus obligée d'agir devant le tribunal du domicile de l'assuré. Elle peut opter pour les règles du droit commun des articles 42 et suivants du nouveau Code de procédure civile.

2. COMPÉTENCE D'ATTRIBUTION

Il faut envisager plusieurs situations :
– compétence exclusive de la juridiction commerciale, lorsque l'assuré et l'assureur sont commerçants et que le dommage est de nature commerciale pour la victime;
– option pour la victime entre la juridiction civile et la juridiction commerciale, lorsque l'assuré et l'assureur sont commerçants et que le dommage est de nature civile pour la victime;
– compétence exclusive de la juridiction civile, lorsque l'assuré ou l'assureur ne sont pas commerçants, et en toute hypothèse lorsque le dommage a été causé par un véhicule.

INDEX ALPHABÉTIQUE

P

Q - R

S

T

U - V

TABLE DES MATIÈRES

Mémentos Dalloz

Série droit privé

Criminologie et science pénitentiaire, J. Larguier

Droit des assurances, H. Groutel, C. J. Berr

Droit bancaire, F. Dekeuwer-Défossez

Droit civil général, P. Bihr

Droit civil. Les biens, P. Courbe

Droit civil. Les contrats spéciaux, G. Vermelle

Droit civil. Les obligations, G. Légier

Droit civil. Les personnes, la famille, les incapacités, P. Courbe

Droit civil. Régimes matrimoniaux, libéralités, successions, F. Lucet, B. Vareille

Droit civil. Sûretés, publicité foncière, M.-N. Jobard-Bachellier

Droit commercial, J.-P. Le Gall

Droit du commerce international, H. Kenfack

Droit de la construction, R. Saint-Alary, C. Saint-Alary-Houin

Droit des entreprises en difficulté, P.-M. Le Corre, J.-P. Le Gall

Droit fiscal des entreprises commerciales, J.-P. Le Gall

Droit international privé, J. Derruppé, J.-P. Laborde

Droit pénal des affaires, G. Giudicelli-Delage

Droit pénal général, J. Larguier

Droit pénal spécial, J. Larguier, P. Conte, A.-M. Larguier

Droit de la propriété industrielle, J. Schmidt-Szalewski

Droit rural, J. Audier

Droit de la sécurité sociale, J.-J. Dupeyroux, X. Prétot

Droit des sociétés. Droit commun et droit spécial des sociétés, A. Constantin

Droit des sociétés. Volume II. Aspects particuliers, J.-P. Le Gall, C. Le Gall-Robinson

Droit du travail. Volume I. Rapports collectifs, J.-M. Verdier, A. Cœuret, M.-A. Souriac

Droit du travail. Volume II. Rapports individuels, J.-M. Verdier, A. Cœuret, M.-A. Souriac

Grands systèmes de droit étrangers, M. Fromont

Institutions judiciaires, J.-J. Taisne

Introduction générale au droit, P. Courbe

Procédure civile. Droit judiciaire privé, J. Larguier, P. Conte

Procédure pénale, J. Larguier, P. Conte

Propriété littéraire et artistique, P. Sirinelli

Série droit public – science politique

Administration de l'État, F. Chauvin

Administration régionale, départementale et municipale, J. Moreau

Contentieux administratif, G. Peiser

Droit administratif des biens, G. Peiser

Droit administratif général, G. Peiser

Droit constitutionnel et institutions politiques, J. P. Jacqué

Droit des contrats publics, F. Lichère

Droit européen, J.-C. Gautron

Droit fiscal, F. Deruel, C. de Lauzainghein, L. de Mellis

Droit de la fonction publique, G. Peiser

Droit international public, D. Ruzié

Droit public, L. Dubouis, G. Peiser

Droit public économique, D. Linotte, A. Graboy-Grobesco

Droit de la santé publique, J. Moreau, D. Truchet

Droit de l'Union européenne et politiques communes, P. Le Mire

Droit de l'urbanisme, J. Morand-Deviller

Finances locales, R. Muzellec

Finances publiques. Budget et pouvoir financier, F. Deruel, J. Buisson

Histoire du droit, J. Hilaire

Histoire des idées politiques de l'Antiquité à la fin du XVIIIe siècle, D. G. Lavroff

Histoire des idées politiques depuis le XIXe siècle, D. G. Lavroff

Histoire des institutions publiques de la France, P. Villard

Institutions internationales, J. Charpentier

Introduction à la science politique, J. Baudouin

Libertés publiques et droits de l'homme, A. Pouille

Relations internationales, M. Gounelle

Photocomposition *CMB* Graphic
44800 Saint-Herblain

707771 - (I) - (3) - OSB-P 60g – CMB - (CDR)
Dépôt légal : janvier 2008

Achevé d'imprimer sur les presses de
SNEL Grafics sa
Z.I. des Hauts-Sarts – Zone 3
Rue Fond des Fourches 21
B-4041 Vottem (Herstal)
Tél +32 (0)4 344 65 60 - Fax +32 (0)4 286 99 61
janvier 2008 - 43663

Imprimé en Belgique